思想学术系列

帛书史话

A Brief History of Silk Manuscript in China

陈松长 / 著

图书在版编目（CIP）数据

帛书史话/陈松长著.—北京：社会科学文献出版社，2012.3
（中国史话）
ISBN 978-7-5097-3043-0

Ⅰ.①帛… Ⅱ.①陈… Ⅲ.①帛书-研究-中国-古代 Ⅳ.①K877.94

中国版本图书馆 CIP 数据核字（2011）第 271485 号

"十二五"国家重点出版规划项目

中国史话·思想学术系列

帛书史话

著 者 / 陈松长

出 版 人 / 谢寿光
出 版 者 / 社会科学文献出版社
地 址 / 北京市西城区北三环中路甲 29 号院 3 号楼华龙大厦
邮政编码 / 100029

责任部门 / 人文分社（010）59367215
电子信箱 / renwen@ssap.cn
责任编辑 / 陈旭泽　宋荣欣
责任校对 / 李　睿
责任印制 / 岳　阳
总 经 销 / 社会科学文献出版社发行部
（010）59367081　59367089
读者服务 / 读者服务中心（010）59367028

印　　装 / 北京画中画印刷有限公司
开　　本 / 889mm×1194mm　1/32　印张 / 6
版　　次 / 2012 年 3 月第 1 版　　字数 / 119 千字
印　　次 / 2012 年 3 月第 1 次印刷
书　　号 / ISBN 978-7-5097-3043-0
定　　价 / 15.00 元

本书如有破损、缺页、装订错误，请与本社读者服务中心联系更换
▲ 版权所有 翻印必究

《中国史话》
编辑委员会

主　　任　陈奎元

副主任　武　寅

委　　员　(以姓氏笔画为序)

卜宪群　王　巍　刘庆柱

步　平　张顺洪　张海鹏

陈祖武　陈高华　林甘泉

耿云志　廖学盛

总　序

中国是一个有着悠久文化历史的古老国度，从传说中的三皇五帝到中华人民共和国的建立，生活在这片土地上的人们从来都没有停止过探寻、创造的脚步。长沙马王堆出土的轻若烟雾、薄如蝉翼的素纱衣向世人昭示着古人在丝绸纺织、制作方面所达到的高度；敦煌莫高窟近五百个洞窟中的两千多尊彩塑雕像和大量的彩绘壁画又向世人显示了古人在雕塑和绘画方面所取得的成绩；还有青铜器、唐三彩、园林建筑、宫殿建筑，以及书法、诗歌、茶道、中医等物质与非物质文化遗产，它们无不向世人展示了中华五千年文化的灿烂与辉煌，展示了中国这一古老国度的魅力与绚烂。这是一份宝贵的遗产，值得我们每一位炎黄子孙珍视。

历史不会永远眷顾任何一个民族或一个国家，当世界进入近代之时，曾经一千多年雄踞世界发展高峰的古老中国，从巅峰跌落。1840年鸦片战争的炮声打破了清帝国"天朝上国"的迷梦，从此中国沦为被列强宰割的羔羊。一个个不平等条约的签订，不仅使中国大量的白银外流，更使中国的领土一步步被列强侵占，国库亏空，民不聊生。东方古国曾经拥有的辉煌，也随着西方列强坚船利炮的轰击而烟消云散，中国一步步堕入了半殖民地的深渊。不甘屈服的中国人民也由此开始了救国救民、富国图强的抗争之路。从洋务运动到维新变法，从太平天国到辛亥革命，从五四运动到中国共产党领导的新民主主义革命，中国人民屡败屡战，终于认识到了"只有社会主义才能救中国，只有社会主义才能发展中国"这一道理。中国共产党领导中国人民推倒三座大山，建立了新中国，从此饱受屈辱与蹂躏的中国人民站起来了。古老的中国焕发出新的生机与活力，摆脱了任人宰割与欺侮的历史，屹立于世界民族之林。每一位中华儿女应当了解中华民族数千年的文明史，也应当牢记鸦片战争以来一百多年民族屈辱的历史。

当我们步入全球化大潮的 21 世纪，信息技术革命迅猛发展，地区之间的交流壁垒被互联网之类的新兴交流工具所打破，世界的多元性展示在世人面前。世界上任何一个区域都不可避免地存在着两种以上文化的交汇与碰撞，但不可否认的是，近些年来，随着市场经济的大潮，西方文化扑面而来，有些人唯西方为时尚，把民族的传统丢在一边。大批年轻人甚至比西方人还热衷于圣诞节、情人节与洋快餐，对我国各民族的重大节日以及中国历史的基本知识却茫然无知，这是中华民族实现复兴大业中的重大忧患。

中国之所以为中国，中华民族之所以历数千年而不分离，根基就在于五千年来一脉相传的中华文明。如果丢弃了千百年来一脉相承的文化，任凭外来文化随意浸染，很难设想13亿中国人到哪里去寻找民族向心力和凝聚力。在推进社会主义现代化、实现民族复兴的伟大事业中，大力弘扬优秀的中华民族文化和民族精神，弘扬中华文化的爱国主义传统和民族自尊意识，在建设中国特色社会主义的进程中，构建具有中国特色的文化价值体系，光大中华民族的优秀传统文化是一件任重而道远的事业。

当前，我国进入了经济体制深刻变革、社会结构深刻变动、利益格局深刻调整、思想观念深刻变化的新的历史时期。面对新的历史任务和来自各方的新挑战，全党和全国人民都需要学习和把握社会主义核心价值体系，进一步形成全社会共同的理想信念和道德规范，打牢全党全国各族人民团结奋斗的思想道德基础，形成全民族奋发向上的精神力量，这是我们建设社会主义和谐社会的思想保证。中国社会科学院作为国家社会科学研究的机构，有责任为此作出贡献。我们在编写出版《中华文明史话》与《百年中国史话》的基础上，组织院内外各研究领域的专家，融合近年来的最新研究，编辑出版大型历史知识系列丛书——《中国史话》，其目的就在于为广大人民群众尤其是青少年提供一套较为完整、准确地介绍中国历史和传统文化的普及类系列丛书，从而使生活在信息时代的人们尤其是青少年能够了解自己祖先的历史，在东西南北文化的交流中由知己到知彼，善于取人之长补己之短，在中国与世界各国愈来愈深的文化交融中，保持自己的本色与特色，将中华民族自强不息、厚德载物的精神永远发扬下去。

《中国史话》系列丛书首批计 200 种，每种 10 万字左右，主要从政治、经济、文化、军事、哲学、艺术、科技、饮食、服饰、交通、建筑等各个方面介绍了从古至今数千年来中华文明发展和变迁的历史。这些历史不仅展现了中华五千年文化的辉煌，展现了先民的智慧与创造精神，而且展现了中国人民的不屈与抗争精神。我们衷心地希望这套普及历史知识的丛书对广大人民群众进一步了解中华民族的优秀文化传统，增强民族自尊心和自豪感发挥应有的作用，鼓舞广大人民群众特别是新一代的劳动者和建设者在建设中国特色社会主义的道路上不断阔步前进，为我们祖国美好的未来贡献更大的力量。

2011 年 4 月

目 录

引 言 …………………………………… 1

一 帛书概说 …………………………… 4
  1. 帛书的名义 ……………………… 5
  2. 帛书的年代 ……………………… 6
  3. 帛书的形制 ……………………… 13
  4. 帛书的内容 ……………………… 16
  5. 帛书的性质 ……………………… 84

二 帛书的发现、流传经过 …………… 88
  1. 楚帛书的发现和流传始末 ……… 88
  2. 马王堆帛书的出土整理经过 …… 95

三 帛书研究综述 ……………………… 97
  1. 楚帛书研究 ……………………… 97
  2. 帛书《周易》研究 ……………… 104
  3. 帛书《老子》研究 ……………… 119
  4. 帛书《黄帝书》研究 …………… 123

5. 帛书《五行篇》研究 ………………… 133
6. 帛书《春秋事语》研究 ………………… 138
7. 帛书《战国纵横家书》研究 …………… 142
8. 马王堆医书研究 ………………………… 146
9. 术数类帛书的整理和研究 ……………… 151
10. 《"太一将行"图》和
    《丧服图》研究 ……………………… 158
11. 马王堆古地图研究 …………………… 160

结束语 ………………………………………… 166

参考书目 ……………………………………… 169

引 言

帛书是中国古代书籍的一种特殊形式,它常与简牍并列而称为"竹帛"。《墨子·明鬼篇》:"古者圣王,必以鬼神为其务,又恐后世子孙不能知也,故书之竹帛,传遗后世子孙。"可见关于帛书的记载,早已著于先秦文献之中,其历史渊源至少可以追溯到春秋时期。但是,作为具有书籍意义的帛书实物则久已佚失,一直到20世纪才重见于世。因此,如果我们要描述帛书的演变历史,就会因传世帛书的稀少和文献记载的缺乏而无法进行。在这种意义上说,帛书也许并无"史话"可言。但假若我们换一个角度,将重点放在帛书原物重新问世后,帛书的流传、整理、研究的历史上,那么,半个多世纪以来的帛书研究,足可以作为一种专门的学问历史来回顾和描述。因此,本书虽名为《帛书史话》,实则是20世纪内帛书原物的发现、流传、整理、研究的历史小结。

迄今为止,经考古发现出土的帛书原物主要有三批。其一是英人斯坦因于1908年在敦煌发现的两件帛书;其二是长沙蔡季襄于1942年在长沙获得的著名的楚帛书；其三则是湖南省博物馆经科学考古发掘，于1973年在长沙马王堆三号汉墓中发现的大批西汉帛书。这三批帛书，除敦煌那两件书信体帛书外，另两批具有典型的书籍意义的帛书都出自长沙。因此，有关帛书的整理研究，自然与出土帛书的这块土地，与工作在这块土地上的学人结下了不解之缘。本人虽是后学，但亦有幸因工作需要而忝列于马王堆帛书整理研究的行列之中，从而对帛书的发现与流传，对帛书的整理与研究有着较为清楚的了解。

帛书的发现和流传，最富有传奇色彩的是楚帛书。但时贤的论著中，也许是因为所依据的材料不太翔实，故对此多语焉不详。笔者借助地利之便，仔细翻阅了蔡季襄的档案，从中知道了许多楚帛书流出国门前的详细情节，同时，承李零先生慨允，他亲自向笔者介绍了他在美国所调查到的有关楚帛书在美的流转情况，从而使半个多世纪以来的楚帛书流传史实有了一个脉络清楚的轮廓。因此，笔者本着对历史负责的态度，在书中较为翔实地叙述了楚帛书的流传始末。

马王堆帛书数量较多，由于整理的艰难和其他种种原因，帛书的释文至今也没有全部发表，因此有关帛书的篇目，到现在也没有一个定数，或称28种，或称30多种，这种现象，早已困扰了许多学者。其实，如果以一篇帛书作为一种来划分帛书的话，马王堆帛书应该是6大类44种（没有文字的帛图除外）。所谓6大类即《汉书·艺文志》所刊的六艺类、诸子类、兵书类、术数类、方技类以及其他等6个门类。按照这种认识，本书在兼采各家时贤之说的基础上，间以个人之管见，分别对 44 种帛书的内容进行介绍，然后，以类为经，以 1994 年底为截止期，对已发表的帛书研究成果作了一次粗线条的综合评述。由于介绍帛书的内容又势必要涉及帛书研究的成果，因此，两者或有相重之处，但考虑到阅读的方便，笔者也就任其自然互见了。此外，为准备本书的写作，笔者曾广加搜求，编有一份《马王堆帛书研究论著类目》，经补充后，已刊于《湖南省博物馆文集》第四集，读者可参考。

在撰写本书的过程中，笔者曾多次得到谢桂华先生、李零先生、魏启鹏先生的帮助和指导，同时，还承台湾的陈文豪先生、吴福助先生和日本的池田知久先生、近藤浩之先生惠赠有关海外帛书研究的资料和信息，在此谨向他们致以衷心的感谢。

一　帛书概说

　　帛书是中国古代特定历史时期的一种书籍形式。自20世纪40年代初长沙楚帛书被发现和70年代初长沙马王堆帛书被发掘出土以来，已引起海内外学者的极大关注。大家都盛称，帛书是20世纪最有研究价值的出土文物之一，是继汉代孔壁中古文经、清末敦煌经传之后的第三次古文献大发现。帛书的出土，不仅为中国古代书籍史的研究提供了帛书的实证，而且对历史文献、科学技术史的研究和汉字发展史、中国美术史、中国书法史等诸学科的研究产生了重大影响，有些学科的历史，因帛书的出土而不得不重写。面对这一批我们的前人无法看到的珍贵文献资料，半个多世纪以来，许多饱学博雅的专家倾注了大量的心血，对帛书进行多角度、多层次的孜孜不倦的研究和探索，写下了数以百计的高质量的学术论著。完全可以说，对帛书的研究，已是一种专门的学问，随着时间的推移，必将有更多的学者来从事这门学问的研究。今天，我们仅在时贤研究成果的基础上，对帛书的发现、流传、整理、研究等方面作一扼要的回顾，以期有助于帛书研究的进一步拓展。

帛书的名义

帛书，顾名思义，应该就是指写于丝帛上的书。但由于中国古代丝织文化的发达，对丝帛的质材就有多种专称。例如《续汉志》一书中，就列有绢、锦、绮、罗、縠、缯6种名称；清代的汪士铎则有"释帛"的专文，将帛的种类划分达60余种。当然，这种过细的分类，并不一定科学，但它却足以说明，古人对帛的认识已是非常深刻。按照今天的科学认识，作为书写质材的丝帛无非是绢、缯、缣等几种，其中绢由较细的生丝造成，质地轻薄，特别便于书写和绘画；而缯则是由粗丝加工而成，一般较厚而暗，具有经久耐用的特点；缣则是由双丝织成，故较厚而色黄，又因其由双丝织成，故缣面比绢、缯细密精整，且不透水，因而是比较上等而昂贵的材质。至于帛，则是一般书写用丝质材料的通称。

在中国考古发现中，最早发现帛书实物者，据钱存训先生在《印刷发明前的中国书和文字记录》一书中所述，是英国的汉学家斯坦因先生。据说他于1908年在敦煌发现两件公元1世纪的缣帛信件，且保存良好。两封信都发自一人，可能是驻山西北部成乐地方的官员致书敦煌边关某人的信，其内容主要抱怨通信困难。帛书其一约9厘米见方，另一长15厘米，宽

6.5厘米。此外，斯坦因还在敦煌附近发现过一片素帛，一面印有黑墨印章，另一面则写有一行字，共28字，内容是："任城国亢父，缣一匹，幅广二尺二寸，长四丈，重二十五两，直钱六百一十八。"（见罗振玉《流沙坠简》卷2，第43页）

斯坦因的发现，当然可以说是最早的古代帛书实物，但究其内容，这种帛书乃是广义的帛书，它仅能说明早在公元1世纪，已有用缣帛书写的实物而已。

在中国传世的历史文物中，亦有许多绢本的书画作品流传下来，其中或书诗文，或写物事，从广义的角度论，亦可概称为帛书或帛画，但是，它们终究不是那种具有书籍意义的帛书，因此，虽然有关帛书的记载早在战国文献中就已多次出现，但帛书到底是个什么样子？其形制到底如何？这个谜一直到20世纪70年代初期马王堆汉墓帛书出土才算真正解开。因此，我们这里所说的帛书，乃是一种狭义的，具有文献意义的帛书，具体一点说，就是指40年代初期长沙楚墓出土的楚帛书和70年代初期长沙出土的马王堆汉墓帛书。至于其他不具备文献意义的帛写资料，诸如敦煌书信，"张掖都尉棨信"之类和晋唐以下绢本书画等，都不在本书的讨论范围之内。

2 帛书的年代

素有"丝国"之称的中国，早在新石器时代，就出现了丝织品和石制或陶制的纺轮，在殷商时代的安阳殷墟中，曾发现过纺织技术很高的丝帛残迹，而甲骨卜辞中，更是常见丝、帛等字，这些都充分说明，中华民族最早创造的丝织文化，早已给帛书的产生准备了最基本的物质载体。

当然，除有丝帛外，书写工具亦是帛书产生的一个不能缺少的必要条件。根据现在的考古资料可知，新石器时代的彩陶上，就有用毛笔一类的东西绘制的纹饰，而商代的甲骨、玉器、陶器上，则已发现毛笔书写的文字，这足以说明，至少在商代已经使用毛笔。而考古发现的最早的毛笔，是河南信阳长台关和长沙左家公山战国墓中出土的，笔锋细长，束于杆端，笔杆纤细。而云梦睡虎地11号秦墓出土的3支笔的笔毫则插入杆腔内，与现代毛笔已基本相同。至于墨及砚等书写工具，亦在河北承德平房的战国墓中和睡虎地4号秦墓中均有发现，这些都告诉我们，最迟在战国时期，已具备了帛书产生的各种先决条件。

长沙楚帛书的出土，已用实物证明帛书在战国时期已经出现，但验之历史文献的记载，帛书出现的年代，最迟也不会晚于春秋时期。

《论语》中有"子张书诸绅"的记载，《周礼》卷三十中则说："凡有功者，铭书于王之大常。"这里的"绅"和"大常"显然是缣帛之类的织物。如果我们不否定《论语》、《周礼》所反映的是孔子时代的事情，那么，帛书（广义的）产生于春秋时期是无可厚非的。又《晏子春秋》中记载："景公谓晏子曰：'昔吾先君桓公，予管仲狐与榖，其县十七，著之于帛，申之以策，通之诸侯，以为其子孙赏邑。'"我们知道，齐景公和晏子是公元前6至公元前5世纪的人物，而齐桓公、管仲则是春秋五霸之争中最活跃的人物，文中直言桓公赐给管仲两块地这件事已"著之于帛"，可见早在春秋时期，用帛作为书写材料已是常事。再如《墨子·兼爱下》："何知先圣六王之亲行之也？子墨子曰：'吾非与之并世同时，亲闻其声，见其色也。以其所书于竹帛，镂于金石，琢于盘盂，传遗后世子孙者知之。'"墨子是战国初期的思想家，他在答难时明确说，"先圣六王之亲行"俱"书于竹帛"，这也就意味着，早在墨子生活的战国初期之前，已有帛书在使用。因此，我们完全可以肯定地说，帛书产生的年代，最迟也在春秋时期。

当然，迄今为止的考古发掘资料，还没有发现春秋时期的帛书实物，但就现在已知的帛书实物而言，长沙子弹库出土的楚帛书，1973年湖南省博物馆正式发掘清理该墓时，根据所出的陶器形制、组合和泥金版等标尺，断定该墓的年代在战国中、晚期之交。据此，该墓所出的楚帛书的年代下限也可定在战国中、晚期，至于其成书的年代，当然可以推前许多，但目前学术界尚没有明确一致的推论。笔者认为：从楚帛书文字的稳定构形、布局的正反成文和图文搭配等方面看，楚帛书已是一种很成熟的文献记载和书写形式，这无异于间接说明，在楚帛书产生之前的春秋时期，一定早有帛书的存在和流传，只是我们现在尚未发现实物而已。

马王堆汉墓帛书是具有明确墓葬年代、最具有文献价值的帛书。据该墓所出的纪年木牍，我们知道帛书抄写年代的下限是汉文帝十二年，即公元前168年。至于帛书抄录的准确时间，因为帛书种类较多，且各书字体差异较大，大致有篆隶（或径称篆书）、古隶、今隶等3种字体。人们从帛书文字中的历史纪年、避讳和字体风格等方面考察，提出过一些不尽相同的意见，对此，马继兴先生曾概括说："抄录时间较早的帛书如在《老子》甲本、《春秋事语》、《天文气象杂占》等书中均未避汉高祖刘邦的'邦'字，故其抄写年代至少均在西汉建国以前。而《战国纵横家书》的内容均系记述公元前3世纪史实，且载有大量从未见于《战国策》及《史记》的古史佚文，故此帛书也应是其早期传本之一。在年代较晚的帛书方面，如《老子》乙本中避汉高祖讳，将'邦'改为'国'字，为西汉初年写本。帛书《周易》从其字体考察，其抄本年代可晚至汉文帝初年。而《五星占》所载的天文记录迟至汉文帝三年，故其抄写年代也应在公元前177年之后。"（见《马王堆古医书考释》导论第二篇）

应该说，马先生的概括叙述在归纳帛书抄写的上限时，乃大致不差。今天，我们根据新公布的有关帛书材料，以帛书本身的历史纪年的依准，类比相同的帛书字体，再参以文中的避讳、史实，可以大致确定各类帛书的大致准确的抄写年代。例如用篆隶书写的《阴阳五行》篇中，有秦始皇二十五年（公元前222年）的年号，因此，有学者曾认为它很可能是秦统一前夕写成的，如果此说不诬的话，那在字体上与此卷相近的《五十二病方》、《战国纵横家书》等帛书的抄录时间，也应是秦统一前后，而用古隶书写的《刑德》甲篇中的干支表上，有"今皇帝十一年"的记载，经与历史纪年表上的干支查对，所谓"今皇帝十一年"乃是汉高祖十一年，由此而可基本断定，凡用古隶书写的帛书，如《老子》甲本、《春秋事语》、《天文气象杂占》等书，大致都是汉高祖十一年（公元前196年）前后抄成。至于用比较规范的今隶书写的帛书，在《刑德》乙篇的干支表上有"孝惠元"（公元前194年）的记载。而在《五星占》中则有文帝初元三年（公元前177年）的记录，这说明，这类用今隶书写的帛书，其上限不会早于孝惠元年，其下限应是文帝初元三年前后。属这一类的帛书为数较多，诸如《老子》乙本、《刑德》乙篇、《周易》、《相马经》、《五星占》等。

帛书的抄录年代，我们且作上述粗略的推定，其中或有与避讳现象不尽相符者，这当然还应作更详尽的讨论。但笔者以为，与其仅以避讳现象的有无来定年代，还不如以帛书本身的纪年记载来作依据。至于马王堆帛书的成书年代，我们将在研究综述中分别介绍，这里仅先作一点综合介绍。李学勤先生曾认为篆书（即篆隶）《阴阳五行》的字体含有大量楚国古文成分。比如有一段文字，抄写的人先把"左"字写作古文写法，从"口"，然后又写作秦人的写法，从"工"。这样的例子很多，说明他是还没有熟练掌握秦人字体的楚人。帛书里还有一系列楚国特有的官名，可见该书本为楚的著作。（见《东周与秦代文明》第二十七章）而马继兴先生则根据与传世古医籍的对比和出土帛（简）医书本身的内证两个方面考证指出：马王堆出土的各种医书著作年代大都早于其各自的抄写年代。（参见《马王堆古医书考释》）

对帛书著作年代的考证，1992年8月在长沙召开的马王堆汉墓国际学术讨论会上，许多与会学者提出了坚实而可信的研究新成果。例如李学勤先生专以黄老帛书中的《道原》为研究对象，以之与《老子》、《文子》、《淮南子》等进行对比分析和文字体裁与思想等方面的比较，指出"《道原》之作应介于《老子》与《文子》、《淮南子》之间，同时，帛书《道原》篇的文句还同长沙子弹库帛书类似"。因此，可以推知该篇的著作年代不晚于战国中、晚期之际。

关于《黄帝书》四篇的成书年代，陈鼓应先生作出了更为详细的论证。他认为，黄帝书的著作年代应在战国中期之前，至迟也在战国中期。对此，他提出了几条很有说服力的理由：第一，从《经法·六分》中多次提到"强国"、"中国"、"小国"看，该书所反映的社会情形只能是强、中、小三类国家并存的战国中期或以前的景象。第二，用汉语词汇发展的规律对《黄帝书》四篇中有代表性单词的出现频率进行统计考察，说明这四篇应写成于战国中期或以前。第三，将《黄帝书》和《孟子》、《庄子》两书中的一些常用而关键词汇和特殊内涵作分析比较，发现《黄帝书》较《孟子》、《庄子》

的成书年代要早一些。第四，与《管子》一书的概念、语句到思想倾向相比较，发现《黄帝书》与《管子》多有相似之处，并且有渊源关系。如《黄帝书》四篇中"因"字大约出现了23次，如"因天地之常"、"圣人因之"等等，都无独立抽象的意义，而《管子》四篇则将"因"提升为一个重要概念，如"因也者，虚而待物者也"，这显然比帛书进了一步。因此，《黄帝书》四篇要早于《管子》，至迟也成书于战国中期。

对帛书《五行篇》的著作年代，日本东京大学教授池田知久先生则用内证法，从《五行篇》各章选取了25条例证，然后与《韩诗外传》、《荀子》、《礼记》、《吕氏春秋》和定县40号汉墓竹简、贾谊《新书》等对比分析，认为该篇的成书年代不会早于战国末期、秦代以前，而应是西汉初期的文献，大约在公元前200年至公元前170年之间。但随着荆门郭店楚简中《五行》的出土，这种推证已不得不再作修订。

帛书《天文气象杂占》的著作年代，或认为与《周礼》的成书年代相去不远，或认为出于战国时期楚人之手。魏启鹏先生则指出：《杂占》所列诸国云图，代表着正在战场上活跃的邦国，因此，云图所列十四国，当时均未灭亡。楚灭越在公元前333年，秦灭蜀在公元前316年，这意味着《杂占》的成书年代，当不晚于这两个年代之间。

上述这些研究成果（均见《马王堆汉墓研究文集》，湖南出版社，1994）虽不敢说没有可商兑之处，但它多代表了学术界对帛书著作年代研究的较新进展，它们对帛书著作年代的最后考定具有极大的参考价值。我们现在至少可以这样说：马王堆帛书著作年代的上限将不会晚于战国中期，而其下限也不会晚于秦汉之际。

帛书的形制

历史文献中，多有"书于竹帛"之类的记载，除上列《墨子》、《论语》、《晏子春秋》、《周礼》等书外，尚可随便举出数种。例如：《越绝书》十三有"越王以丹书帛"的记载，而《韩非子·安危篇》亦有"先王致理于竹帛"的文字。但是，尽管文献上无数次地提及"书于竹帛"，可帛书到底是一个什么样子，则很少有具体的描述，以致唐代徐坚的《初学记》卷二一上说："古者以缣帛，依书长短，随事截之。"按照这种说法，似乎帛书并无定制。当然这仅就帛书的长短言，至于帛书的书写格式，则尚未论及。只有《后汉书·襄楷传》中的一段记叙倒是对帛书形制的一次比较具体的描述。其原文是这样的：

> 顺帝时，琅邪宫崇诣阙，上其师干吉于曲阳泉水上所得神书百七十卷，皆缥白素，朱介、青首、朱目，号《太平清领书》。其言以阴阳五行为家，而多巫觋杂语。

这段话中，有关帛书形制的描写，完全可以和已出土的帛书实物相印证。所谓"素"，是由生丝造成，不经漂染的白帛的代称。"缥白"，是这种帛的颜色。"皆缥白素"，是就"神书"的质地而言。"朱介"，李贤注："以朱为介道"。所谓"介道"，当即是马王堆帛书中的"朱丝栏"，相当于今天的红色直行栏格。"青首"，李贤注以为是青色的幖帜，现据马王堆帛书验证，所言幖帜未免有臆说之嫌。笔者以为，这"青首"应是指帛书每一篇开始处的墨丁。至于"朱目"，李贤注认为是用红色书写的题目，现在看来，这也靠不住。因为帛书实物中除个别篇章用朱文书写外，尚没有发现单独用朱文书写题目的例子。但是在楚帛书中却有分段的朱色方框，马王堆帛书《刑德》乙篇中，却有用朱色的圆点标示篇章节目者，也许这里所说的"朱目"，正是指这类特有标示篇目的标志。如果这种推论不错的话，那么，《后汉书》上的这段文字，应是对战国乃至汉代帛书形制的一个简洁形象的概括描述。特别需要指出的是：这百七十卷的神书，"其言以阴阳五行为家，而多巫觋杂语"，这无意中也道中了帛书的基本属性。仅马王堆帛书中，就有两种《阴阳五行》的本子，而楚帛书中多巫觋语，这已是研究帛书者的共识。因此，可以说，这段文字是我们所知对帛书形制进行概括描述的最早、最准确的文献记载之一。

当然，我们现在所知的帛书实物，其形制也不是完全划一的。例如楚帛书长仅38.7厘米，幅宽47厘米，按照马王堆帛书的幅宽数字看，这是一块长38.7厘米的整幅帛书。这幅帛书的结构比较奇特，帛书四角有青、赤、白、黑四色的树枝图像，四周有文字十二段，每边三段，各段附有一个神的图形，中间有两大段文字，一段八行，一段十三行，方向颠倒，每段文字又各自分为三节，每节末尾以朱色方框为记。应该说，这件结构奇特的帛书，还不是中国书籍史上有代表意义的帛书形制，而是一种按某种特定图式结构来抄写，并与一定图像相配的书。对此，李零先生曾指出："帛书所据'式图'就是六壬式的'式图'。六壬式是以四分、八分、十二分的图式为主，配以十二神。""帛书以东、南、西、北代表'四时'，'姑'、'女'、'欿'、'臧'四位和青、赤、白、黑四木表示的四维代表'八位'，十二月代表'十二度'"。（见《楚帛书与"式图"》，载《江汉考古》1991年第1期）与楚帛书相类似的，还有马王堆帛书中的《刑德》甲、乙篇和尚未发表的《阴阳五行》，其中《刑德》甲、乙篇中都绘有"刑德九宫图"和"刑德运行干支表"，再配以两大段关于刑德运行和吉凶占测的文字。因此，这也是一种结构特殊，按一定图式结构来抄写的书，都不足以作为帛书形制的代表来讨论。

就帛书形制而言，从书籍史的角度论，最有代表性的要数帛书《老子》、《周易》等长篇文献了。这批帛书分别抄写在整幅48厘米宽或半幅24厘米宽的黄褐色丝帛上，丝帛上分别画有朱栏纹行格或墨栏纹行格，每行字数，凡整幅者，一般在70字左右；半幅者，一般在32字左右。帛书每篇均从右至左直行书写，每一种帛书的开篇均以墨丁（或称墨块）为标记，其末尾多标明题目和字数，文中分段则多用墨点标志。帛书出土时，呈两种形式：用整幅抄写的，被折成大致十六开的长方形，叠成一块；一部分用半幅抄写的，则和那批医简卷在一起，形成一种典型的帛卷形式。由此，我们才真正看到了典型的帛书形制是个什么样子。

4 帛书的内容

4.1 楚帛书内容述略

我们在讨论帛书的形制时，已对楚帛书的"式图"式的特殊结构作过简略的介绍。正因为其结构特别，故其内容也可按其结构分为几块：一是中间的两大段文字，一段八行，一段十三行，这是楚帛书的主要文字所在；二是四周的十二段文字；三是四周十二段文字边上所附的十二个神图；四是帛书四角上的青、赤、白、黑四色的树枝图像。下面我们逐次对其内容作些简单介绍。

中间的两大段文字中，八行的那一段主要是讲日月四时形成的神话，而这些神话又主要是由属于南方，特别是属于楚氏族系统的先祖们的传说活动所构成的，其中提到了如下一些楚姓始祖中的传说人物：

（1）伏羲和女娲。帛书开篇即说大熊是伏羲所出，将楚姓的始祖追溯至伏羲，即言楚姓是伏羲的后裔。次则言女娲乃是楚姓繁衍壮大的始祖之一，并说在伏羲、女娲的时代，一切都处在蒙昧混沌的状态中。

（2）四神。帛书中称四神是女娲所生的四子，在未有日月之时，他们曾分守四方，"步以为岁"，授民以时。在九州不平时，他们又立极安天，在帛书中占有很重要的地位。李零先生曾认为他们即是古书中的重、黎或羲、和四子。（见《长沙子弹库战国楚帛书研究》）

（3）炎帝和祝融。帛书言："炎帝乃命祝融。"炎帝是传说中的南方的帝，《潜夫论·五德志》："炎帝神农民，代伏羲氏。"可见炎帝亦和伏羲一样，也是楚姓的始祖之一。祝融是传说中的南方火正，是炎帝的佐臣，故帛书说他受炎帝之命，率四神下降以安定三天四极。

（4）帝夋和共工。帛书说："帝夋乃为日月之行。"可见在帛书中，帝夋是一位安排日月运行规律的神话人物。共工则传说是祝融所生，（见《山海经·海内经》）帛书中说他和帝夋一道，安排"十日四时"之运行，亦是楚人神话中功德非凡的传说人物。

上述这些传说人物，共同构成了楚人观念中的楚氏族的远古神话，同时亦通过对这些人物活动的描写，玄想出了一个关于日月四时运行有序的构成体系。

十三行这一段则主要讲天象灾异。文中特别强调要"敬天顺时"。如果人们对神灵祭祀不敬，乖违天时，上天就会降下凶咎。例如"朔而月见东方"，彗星出现，天降暴雨，山崩泉涌，兵祸饥荒等，致使四季失序，星辰乱行，草木无常，生灵涂炭，而这些也就是帛书四周十二段文字中为人们所设置的种种禁忌规定的理论根据。

四周的十二段文字则主要规定了一年中每个月的宜忌，如某月可否出师用兵，某月可否嫁娶，某月可否朝会诸侯，某月可否营建居室等等。每段有个题目，经李学勤先生考证，这十二个标题的首字即《尔雅》上所记的十二个月名。关于月忌的内容，虽与《礼记·月令》很相似，但具体内容和月份都不相同，而且帛书的形式比较原始，没有复杂的五行系统，内容也比较单一，因此，帛书中所讲的月忌，显然是流行于楚地的一种比较原始的记录，它与《礼记·月令》并不一定是属于一个系统。

帛书四周的十二个神图则各有特点，或三首，或珥蛇，或鸟身，或牛角，形状奇特。有的学者将它们和其他楚文物上的图像、《楚辞》及《山海经》等古书中所描写的古代神物比较论证，以为它们是楚地所特有的神物，虽颇多创获，但毕竟零散而不成系统。也有的学者推测它们或与汉代以来六壬所用的十二神或大傩中的十二神、十二兽以及十二生肖有关，但是，推测的结果，其名称、形象均不能与帛书所绘完全吻合。现在看来，只有一点是比较一致的，即这十二个神图所绘的就是十二个月的月神。至于它们的名称，则应当以所属各段文字的标题文字来定。但到底怎样定名，这十二月神到底反映了楚文化的哪些神话因素和特征，则尚待进一步的研究和探讨。

帛书四角上的青、赤、白、黑四色的树枝图像，或以为是为指示所祀神的方位设的，或以为四木是表示四方。饶宗颐先生则认为：四隅之木当指四时之木，"四木绘于四隅者，经配合天文上的四维观念"（见《楚帛书新证》）。李零先生则进而认为，四木即代表四维（见《楚帛书与"式图"》）。这样解释，似乎比较符合帛书构形的特殊要求。

4.2 马王堆帛书分类简述

马王堆汉墓出土的帛书，由于其种类较多，且整理不易，故到目前为止，马王堆帛书的准确字数是多少，尚不能确定，一般说是共12万多字，也有说是13万多字的，现在看来，这仍然是一个估计数，其准确的字数，必须等马王堆帛书全部整理完毕以后，才能比较准确地计算出来，在没有准确计算出字数以前，与其说12万多字或13万多字，倒不如说十几万字来得科学一些。

关于马王堆帛书的种类，亦有好几种说法，最先发表的《马王堆二、三号汉墓发掘的主要收获》（《考古》1975年第1期）一文中称"共有20多种书籍"，后来，或称为有帛书26件，或称为28种，或称为30余种，其中最为详细列出帛书编号目录的是韩仲民先生在《长沙马王堆汉墓帛书概述》（《文物》1974年第9期）一文中所作的分类。按照他的分类，马王堆帛书共有15大类40余种。当然，这仅仅是帛书整理初期所作的大致分类。通过20多年的整理和研究，对帛书内容的研究已比帛书发现初期拓展了许多，对帛书的认识也深入了不少，故而对帛书的定名、分类，也有了更清楚的界定。下面我们且按《汉书·艺文志》

的分类，以一篇帛书作为一种，包括文字较多的帛画在内，将马王堆帛书大致分为6大类44种，其具体目录如下：

一、六艺类

1. 《周易》
2. 《系辞》
3. 《二三子问》
4. 《易之义》
5. 《要》
6. 《缪和》
7. 《昭力》
8. 《春秋事语》
9. 《战国纵横家书》
10. 《丧服图》

二、诸子类

1. 《老子》甲本
2. 《老子》乙本
3. 《五行》篇（或称《德行》篇）
4. 《九主》篇（或称《伊尹·九主》）
5. 《明君》篇
6. 《德圣》篇（或称《四行》篇）
7. 《经法》
8. 《经》（或称《十六经》、《十大经》）
9. 《称》
10. 《道原》

三、术数类

1. 《五星占》

2. 《天文气象杂占》

3. 《阴阳五行》甲本

4. 《阴阳五行》乙本

5. 《出行占》

6. 《木人占》

7. 《相马经》

8. 《"太一将行"图》(或称《神祇图》、《避兵图》)

四、兵书类

1. 《刑德》甲篇

2. 《刑德》乙篇

3. 《刑德》丙篇

五、方技类

1. 《足臂十一脉灸经》

2. 《阴阳十一脉灸经》甲本

3. 《阴阳十一脉灸经》乙本

4. 《脉法》

5. 《阴阳脉死候》

6. 《五十二病方》

7. 《却谷食气》篇

8. 《导引图》

9. 《养生方》

10. 《杂疗方》

11. 《胎产书》

六、其他

1. 地形图
2. 驻军图

以上的大类划分，按现代学科分类标准来衡量，似乎并不怎么科学，但考虑到帛书产生的时代和其本身内容的复杂性，权以汉代人自己的图书分类法来划分，这也许分得更清楚些，更何况《汉书·艺文志》的图书分类，至今也是相当科学而有权威的图书分类法之一。当然，我们在将帛书进行分类的时候，也多有犹疑不定的时候。例如帛书《刑德》，以其内容论，既可归入术数类，也可划入兵书类，似乎都能成立。又如《战国纵横家书》，在《汉书·艺文志·六艺略》中有"战国策三十三篇"，但在"诸子略"的纵横家这一类中又有"苏子三十一篇"。帛书《战国纵横家书》中有许多关于苏秦游说的新资料，也曾有人就认为是已佚的"苏子三十一篇"，对此，该怎样归类呢？我们根据马王堆帛书整理小组将其最后定名为《战国纵横家书》和许多学者径称其为别本《战国策》的倾向，同时参照李学勤先生在《马王堆帛书与〈鹖冠子〉》一文中的归类，暂将其归入"六艺类"之中。

4.3 马王堆帛书内容概说

（1）帛书《周易》

帛书《周易》原无篇题，或称之为帛书《六十四卦》。抄写在一幅宽48厘米，长约85厘米的丝帛上，共93行，字数约4900余。每卦均有卦图，帛上有朱丝栏界格，卦名多用通假字，字体是比较规范的汉隶。与通行本相比，帛书本最大的差异是卦序不同。通行本分上、下经，上经三十卦，始于乾，终于离；下经三十四卦，始于咸，终于未济。帛书本则不分上、下经，始于键（乾），终于益，其排列顺序有规律可循，即将八卦按照阴阳关系，排成键（乾）川（坤）、根（艮）夺（兑）、赣（坎）罗（离）、辰（震）筭（巽），然后以键、根、赣、辰、川、夺、罗、筭为上卦，以上述阴阳组合的键、川、根、夺、赣、罗、辰、筭为下卦，再以上卦的每一卦分别与下卦的八卦组合而形成六十四卦。这种排列方法与汉石经、通行本完全不同，因此，帛书本《周易》显然是比较原始，或者说是别一系统的传本。

帛书《周易》与通行诸本的不同还表现在卦辞、爻辞的文字多有差异。据统计，帛书卦辞（不含卦名）共636字，与通行本不同者有81字。爻辞共3444字，与通行本不同的有771字，这对于校勘研究今本《周易》极有功益。例如帛书《周易》"渐"之六四云："鸿渐于木，或直其寇，毄，无咎。"《说文》："毄，从上击下也。"弄清了"毄"的意思，这条爻辞就很容易理解了，其意思就是与寇相遇，击之无咎。可是这条爻辞在通行本中作"鸿渐于木，或得其桷，无咎。"很显然，"无咎"二字的前面被删掉了一个关键词，故第二句中的"直"改成了"得"，"寇"字换成了"桷"。王弼还为之注解曰："或行其桷，遇安栖也。"其实桷是方形屋檐，并不是鸿雁的安栖之地，王注是靠不住的。现以帛书本对勘,对《周易》的本义也就有比较明白的理解。当然,帛书本中也有些错抄、误抄之处,如既济中的"初九"错抄为"初六"之类,这是我们在使用帛书《周易》时所应该注意的。

(2) 帛书《系辞》

帛书《系辞》和另几篇《易传》古佚书同抄在一幅48厘米宽的整幅帛上,开篇处有长条形墨丁,帛中有朱丝栏界格,文字是规范的汉隶,共47行,约3000余字。

与通行本相校,帛书《系辞》的主要不同是:不分上下篇;缺通行本《系辞上》的第八章和《系辞下》的第五、六、八章和第七章的一部分。帛书本之所以缺这些内容,学术界存在不同的认识。笔者以为:通行本《系辞上》的第八章主要是讨论筮法的内容、结构、作用以及行筮的方法、步骤的,其本身与《系辞》所着重阐述的易学原理有根本上的区别。而通行本《系辞下》的第五、六、八章和第七章的一部分,其内容又多是称述周文王、颜回等儒家贤哲的文字,与《系辞》所强调的易学理论亦有极大的差距,因此,没有这些内容,帛书《系辞》的思想连贯性似乎更明确一些。

帛书《系辞》与通行本的不同,还表现在许多文字的不同上,两相校勘,帛书本多有优胜处。例如通行本中有:"乾坤,其《易》之缊邪?"其中的"缊"字很费解。韩康伯注:"缊,渊奥也。"虞翻注:"缊,藏也。"孔颖达疏曰:"乾坤是易道之所缊积之根源也,是与易为川府奥藏。"意思也就是说乾坤两卦，或者说乾坤两画蕴藏着极深奥的道理。但人们也许会问，古人行文为何要如此费解呢？看帛书本，我们不禁豁然明白，原来此处是作"键（乾）川（坤），其《易》之经与（欤）?"一字之差，即说明《系辞》本来就不玄奥，极其易解，也说明古人费尽心智所作的解说很多都是徒劳的。所谓"键（乾）川（坤），其《易》之经与（欤）"，无非是强调指出乾坤乃是易学推衍的核心、纲领而已，非常明白，且与《系辞》中的"乾坤成列，易位乎其中。乾坤毁则无以见《易》矣"等内容互相照应。

（3）帛书《二三子问》

帛书《二三子问》与帛书《六十四卦》同抄在一幅帛上，共36行，约2500余字。张政烺先生曾据其内容名之为《二三子问》。已故的于豪亮先生则将其分为两篇来分析（见《文物》1984年第3期），这种意见，许多介绍帛书《周易》、《易传》的文章中多有引用。其实，我们以帛书多以篇首墨钉作为分篇标志的这个特征为依据，然后从其文字内容本身考察，这2500余字确是首尾相贯的一篇《易传》著作。因此，我们依从张先生的意见，将其视为一种佚书来进行介绍和分析。

帛书现存原件分作4块高24厘米，宽约10厘米的长方形残片，经过拼缀后可以看出，帛书是抄在宽48厘米的整幅帛上的，帛上划有朱丝栏界格，字体是比较规范的汉隶，尽管原件多有残缺，但其文字大致可读。其内容主要是以问答的形式,分别对乾、坤、鼎、晋、屯、同人、大有、谦、豫、中孚、少过、恒、解、艮、丰、未济等卦的部分卦、爻辞进行了颇具儒家政治哲学色彩的解说,尤其是大部分解说都冠以"孔子曰",更有很浓厚的儒家色彩。例如:"《易》曰:'杭(亢)龙有悔。'孔子曰:此言为上而骄下,骄下而不殆者,未之有也。圣人之立正(政)也,若遁(循)木,俞(愈)高俞(愈)畏下,故曰'杭(亢)龙有悔'。"很显然,这是儒家《易传》的古佚书之一。

帛书《二三子问》虽无别本可供参照,但其与许多卦爻辞的文字不同,特有助于今人对通行本《周易》卦爻辞的理解和重新认识。例如通行本中未济的卦辞作:"未济:亨。小狐汔济,濡其尾,无攸利。"其中的"小狐汔济"就很费解。前贤尚秉和先生曾引《说文》和干宝注云:"汔,《说文》涸也。干宝云,小狐力弱,汔乃可济。会水未涸,故濡其尾。"这种解释,理解起来,确实费劲。帛书《二三子问》上正好对此段卦辞进行了解释。帛书作:"小狐涉川,几济,濡其尾,无迫利。"两相对勘,原来通行本在传抄过程中漏掉了"涉川"两字,而将"几"字又讹成了"汔",这样,本来是很明白的一句话,就变得很难理解了。由是可见帛书《二三子问》对易学研究的重要作用和价值。

(4) 帛书《易之义》

帛书《易之义》篇和帛书《系辞》二连着抄写在同一幅48厘米宽的帛上,开篇的顶端有墨丁为记,帛书有朱丝栏，文字形体和《系辞》如出一辙，是规范的汉隶。共约45行，约3000余字。

这篇古佚书由于和《系辞》抄在一起，加之其中又有通行本《系辞下》的第六章、第七章的一部分和第八章的内容和今本《说卦》的前三章，因此，好些学者都将其视为帛书《系辞》的下篇。后来韩仲民、张立文先生提出不同意见，笔者在《马王堆汉墓文物》一书中刊发《系辞》的图版和释文时，将这一部分完全切开以后，经过张立文先生、王葆玹先生等的论证，学术界已基本认同，这是一篇有别于《系辞》的《易传》古佚书。由于该篇最后一行有残缺，故不知其篇名到底是什么，参照古文献多取篇首两字定名的通例，笔者曾经取开篇两字称其为"子曰"篇（见《马王堆汉墓文物综述》，载《马王堆汉墓文物》，湖南出版社，1992）。后张立文先生专就此篇的定名问题进行了讨论（见《帛书〈系辞〉与通行本〈系辞〉的比较》，载《道家文化研究》第三辑），认为当定名为《易之义》较妥，两相比较，用《易之义》定名确比用"子曰"这样的泛用语定名更妥当，更明确些。因此，本书中均称之为《易之义》，至于今后或有新的发现以确认其篇名，则另当别论。

《易之义》通篇多有圆点将其文意隔分为若干节，但因帛书本身残缺较多，其确切章节无法分断，据其内容，大致可以分为如下几个部分：一、阐述阴阳乃是《易》之要义，即所谓"易之义，唯阴与阳，六画而成章"，这大概也是此篇所着重阐述的主要内容。

二、对《周易》的许多卦义进行陈说。三、指明占、数、卦、爻所产生的原因，其文字与今本《说卦》的前三章基本相同。四、着重对乾、坤两卦进行分析，其中对一些卦名的解释，与今本《系辞下》的一些章节基本相同。连篇看起来，这篇古佚书，主要是对阴阳关系在易学中的重要性、重要作用的阐述，其思想有较多儒家思想的倾向。如："上卦九者，赞以德而占以义者也。履也者，德之基也。嗛（谦）也者，德之柄也。复也者，德之本也。恒也者，德之固也……"这都是比较鲜明的儒家重德思想在《易传》中的反映。

有趣的是，帛书《系辞》中较少这种儒家色彩，而《易之义》则较多，两篇的思想倾向似乎并不是一家，即《系辞》的道家色彩较浓，而《易之义》的儒家味道较多。但这两篇又紧紧地抄在一起，这也许只能说明帛书《易传》中的各篇并不是某一学派的著作，而是当时各种易学著作的摘抄而已。

（5）帛书《要》

帛书《要》篇和帛书《系辞》、《易之义》以及《缪和》、《昭力》一起抄在同一幅宽48厘米的绢帛上。它紧接着《易之义》篇，篇首顶端有残存的墨丁，篇尾有标题："《要》，千六百卌八。"可知此篇原本就以《要》名篇。帛书开头几行已残，现根据其所记的实际字数和每行所写的大致字数推断，篇首大约残了6行左右。而全文大约是24行，共1648字。全文用比较规范的汉隶书写，行与行之间有朱丝栏界格。

帛书《要》篇中亦有圆点作章节区分的标志，由于篇首部分残缺，故具体章节数目无法统计，据其内容看，大致可以分为如下几个部分：①从第8行至第12行，主要是借易理以阐述"君子安其身而后动，易其心而后评，定位而后求"的重要性。②从第12行至第18行，主要是记载孔子晚年与子赣（贡）论《易》之事，着重叙述了孔子晚年好《易》的原因。③从第18行至篇尾，主要记叙孔子对其门人弟子讲叙损益之道的内容和哲理。

帛书《要》篇的学术价值，也许当以第二部分最为重要，因为这是对孔子晚年与《易》的关系的最好说明。也就是说，至少在汉代初年，人们是知道孔子晚年不仅好《易》，而且传《易》，这也证明《淮南子》、《说苑》、《孔子家语》中的有关记载不诬。这对一直存在争议的关于孔子与《易传》的关系的研究，无疑是最有说服力的材料和证明。

（6）帛书《缪和》

帛书《缪和》和帛书《要》篇紧挨着抄在同一幅48厘米的绢帛上，篇首有墨丁，篇末空一格有标题"缪和"二字，但无字数统计。帛书间有残缺，现存约70行，共5000余字，帛书格式和字体与上述诸篇相同。

帛书《缪和》大都以问答的形式来阐述易理，文中多用墨点分节。全文可看做两大块，第一大块是缪和、吕昌、吴孟、张射、李平等人问《易》的纪录，主要讨论了涣卦九二与六四爻辞、困卦卦辞、□卦和谦卦卦辞与九三爻辞、丰卦九四爻辞、屯卦九五爻辞、蒙卦卦辞、中孚卦九二爻辞、归妹卦上六爻辞之义。第二大块则是纯以"子曰"的形式解《易》和以历史故事来阐述易理。其中引述了商汤田猎，德及禽兽的故事；魏文侯礼过段干木之闾的故事；吴太子辰馈冰八管，置之江中，与士人同饮而大败荆人的故事；还引述了倚相说荆王从越王手中分吴地的故事；沈尹树（戌）论伐陈之可否的故事和史黑（默）向赵简子陈说卫不可伐的故事等。这种以史证《易》的方法和《韩诗外传》以史证《诗》完全一样，是迄今所知以史证《易》的最早著作之一。

与帛书《二三子问》的倾向一样，帛书《缪和》说《易》，完全不言象数、占筮，而是直接着重阐发卦爻辞的德义。例如："缪和问于先生曰：凡生于天下者，无愚知（智）、贤不宵（肖），莫不愿利达显荣，今《周易》曰：'困，亨；贞，大人吉，无咎；又（有）言不信。'敢问大人何吉于此乎？子曰：此圣人之所重言也，曰又（有）言不信。凡天之通壹阴壹阳、壹短壹长、壹晦壹明，夫人道呇（雒）之……"完全撇开《周易》的象数、筮法，而直接阐述其儒学哲理，由是可见《缪和》亦有很明显的儒家说《易》的色彩。

帛书《缪和》还有一个很有价值的方面，就是其中所记载的那些历史故事，为补证《吕氏春秋》、《贾谊新书》、《说苑》、《新序》、《韩诗外传》等历史文献提供了可靠的新材料，例如帛书中记魏文侯过段干木之闾而轼的故事，就比《新序》、《史记·魏世家》的记载更详细。《新序》是这样叙述的：

魏文侯过段干木之闾而轼。其仆曰："君何为轼？"曰："此非段干木之闾乎？段干木盖贤者也，吾安敢不轼？且吾闻段干木未尝肯以己易寡人也，吾安敢高之？段干木光乎德，寡人光乎地；段干木富乎义，寡人富乎财；地不如德，财不如义。寡人当事之也。"遂致禄百万而时往问之。国人皆喜，相与诵之曰："吾君好正，段干木之敬，吾君好忠，段干木之隆。"居无几何，秦兴兵欲攻魏。司马唐且谏秦君曰："段干木，贤者也，而魏礼之，天下莫不闻，无乃不可加兵乎？"秦君以为然，乃案兵而辍不攻。

帛书上则是这样记载的：

西人举兵侵魏野而□□□□□□□□□而遂出见诸大夫，过段干木之闾而式（轼），其仆李义曰："义闻之，诸侯先财而后财（应是身字），今吾君先身而后财，何也？"文侯曰："段干木富乎德，我富于财，段干木富[于义，我富于地，财不如德，地不如义，德而不吾]为者也，义而不吾取者也，彼择取而不我与者也，我求而弗得者也，若何我过而弗式（轼）也。"西人曰：我将伐无道也，今也文侯尊贤，□□□□□兵□□□□□□□□□何而要之，局（拘）而窥之，狱狱吾君，敬女而西人告不足。

两相比较，帛书既交代了魏文侯过段干木之间的背景，又较详细地记载了魏文侯与其仆的对话，特别是点出了其仆的名字是"李义"，这对《新序》所记来说，无疑是一种更细节化的补充。

此外，如记载倚相说荆王分吴地的记载，《说苑》仅说楚"遂取东国"，《韩非子》则说越"乃割露山之险五百里又赂之（楚）"，《越世家》也只是说"句践已去，渡淮南，以淮上地与楚"，相比之下，仅《韩非子》较为详细，验之帛书，则更为详细："（越）遂为之封于南巢至北蕲南北七百里。"很显然，这比上述历史文献更清楚、更明确。

（7）帛书《昭力》

帛书《昭力》的篇幅较短，共14行，约930余字。这篇帛书篇首没有墨丁，但篇末空一格有标题"昭力"二字，故我们仍将其视为单独的一篇来处理。但值得注意的是，这篇仅900余字的帛书所记的字数则是"六千"。于豪亮先生早就指出，这个字数应是《缪和》、《昭力》两篇字数的总和。但为什么本是两篇，又要合在一起来统计字数呢？笔者以为，这两篇从内容上看，也许本就是一篇，大概是因为《缪和》的篇幅较长，故在中间题一标记，而《昭力》另起一行时，并不加墨丁来区别，只在篇末题署整篇的字数。或者说《缪和》、《昭力》本就是同一篇的上、下篇亦未尝不可，因为这两个篇名本来就是取开篇的人名命名的，对其内容而言并不具有概括性。

帛书《昭力》主要是讨论君、卿大夫之义，借之而阐发师卦九二爻辞、六四爻辞，大畜卦九三爻辞、六五爻辞和比卦九五爻辞、秦卦上六爻辞等，具有较强的综合性。其所阐发的爻辞义理则全是儒家色彩很浓的政治思想。例如："《易》曰：师左次，无咎。师也者，人之聚也；次也者，君之立（位）也。见事而能左（佐）其主，何咎之又（有）？"这种理论，与帛书《二三子问》、《要》、《缪和》中所阐发的易学思想是完全一样的。

（8）帛书《春秋事语》

帛书《春秋事语》是一部类似《读史论略》之类的历史启蒙读物，全篇现存16章，抄写在宽24厘米、长约74厘米的半幅绢帛上，上有直界乌丝栏，墨书古隶，共约97行。由于这卷帛书是卷在一块约3厘米宽的木片上，加之棺液的浸泡，出土时帛质腐朽，已分裂成大小不等的200来片碎片，经整理，卷首残破，无法知道到底缺几行，后面比较完整，尚有余帛没有写字，好像是一件没有抄完的帛书。

帛书《春秋事语》通篇不避汉高祖刘邦的讳，其字体是由篆变隶过程中的古隶，抄写年代大致在秦末汉初（公元前200年左右）。帛书每章都提行另起，每章多用墨点作为分章符号，但没有篇题，也没有书名。每章所记之事，彼此不相连贯，即不分国别，也不分年代先后，所记史实最早的是鲁隐公被杀，最晚的是韩、赵、魏三家灭智伯，其记事年代略与《左传》相近。每章所记，凡记事都比较简略，但记言论则比较多，可见此书重点不在记事而在记言，是春秋时期书籍中一种比较常见的"语"式体裁，因此，马王堆帛书整理小组将其定名为《春秋事语》。

关于帛书《春秋事语》的研究价值，张政烺先生作过很好的归纳（见《文物》1977年第1期），现摘抄其要点如下：

> 从史料价值上来说，《春秋事语》十六章所记十六件事情，绝大部分见于《春秋》三传、《国语》和一些子书中，但还是可以相互补充参考。其中第二章《燕大夫章》所记不见于他书记载。春秋时有两个燕国，为了加以区别，习惯上称为南燕、北燕。南燕为姞姓国，在今河南省延津县东，是一个小国，和当时各大国的关系不多，故罕见记载。北燕是姬姓国，在今北京市附近，战国时为七国之一，《史记》有《燕世家》，帛书所记燕国和晋国发生战争，晋人侵燕南，则其地当在北方。观其称文王、武王为先王，行周人之礼，也证明了当是北燕。……《燕大夫章》文字虽不多，却画龙点睛，增加了我们对春秋时期的燕国的认识。
>
> 帛书《春秋事语》在校勘上仍然具有可贵的价值。例如《鲁桓公与文姜会齐侯于乐章》，文字不缺，记有医宁一段话约一百字，极不易懂。按此条见于《管子·大匡篇》，文字基本上相同，帛书仍有一些地方足以校正《管子》之误，试举几例：

一、"今彭生二于君","二"当从帛书作"近"。

二、"而腇行以戏我君","我"当从帛书作"阿","戏"字后加,当删。

三、"岂及彭生而能止之哉","止"当从帛书作"正(贞)"。

四、"无所归死","死"当从帛书作"怨"。

在《春秋事语》发现以前,这些都是校勘《管子》的学者所难于解决的问题,现在则可以迎刃而解了。

(9)帛书《战国纵横家书》

《战国纵横家书》是用半幅绢帛抄成,帛长1.92米,帛宽24厘米,共325行,11000余字。全书共分为27章,其中除11章分别与《战国策》、《史记》的记载可以印证外,其余16章是很珍贵的古佚书。这27章根据其内容大致可分为3个部分,第一部分是前14章,都是新发现的文献资料,主要按国别分类编排苏秦活动的资料,其中第1到第7章,是苏秦给燕昭王的信和游说辞。从第8章到第14章则是苏秦等人给齐湣王的信和游说辞。第二部分是第15至第19章,这几章虽在每章末尾都有字数统计,但在第19章末尾有这几章字数的总计,所以自应为一个整体。其内容主要是战国游说故事的记录,除第17章外,都见于《战国策》或《史记》。第三部分是最后8章,根据其中有关苏氏游说的资料没有和首14章有关苏秦的资料编在一起来判断，这应该是另一种辑录战国游说故事和纵横家游说言论的本子。该书用方劲俊秀的古隶抄写，书中避刘邦讳而不避刘盈讳，可见这是汉惠帝时的抄本。

帛书《战国纵横家书》的出土，为我们提供了许多有关苏秦活动的原始新材料，极大地充实了战国史研究的内容。也正因为这批新材料的问世，人们才发现：原来《史记》中关于苏秦与张仪是同学的记载是靠不住的。据帛书所知：公元前312年，当苏秦在楚游说陈轸门下的时候，还是初露头角的年轻人，而此时的张仪已是"烈士暮年"的长者了，可见《史记》乃至《战国策》中的记载，至少把苏秦的卒年提前了30年。

帛书《战国纵横家书》亦为有关的历史文献的考证和词义确诂提供了有力的佐证。例如《战国策·韩策三》有"韩人攻宋"章，经与帛书对勘，乃知"韩"字是"齐"字之误。而《战国策·齐策四》中的"苏秦自燕之齐"章在《史记》中就误将"苏秦"写作了"苏代"。更典型的一个例证是：今本《战国策·赵策四》的《赵太后新用事》章中，有"左师触奢愿见太后"一语，《史记》作"左师触龙言愿见太后"。两种本子孰是孰非，颇难公断。今帛书所记与《史记》相同，这就证明了《史记》本的正确，因而也就澄清了这个久疑未释的训诂难题。

(10)《丧服图》

《丧服图》绘于一幅长26.2厘米、宽48厘米的整幅帛上，全图由1个朱色的伞盖和19个正方形色块（加上残缺部分应是24块）组成，从上到下有部分方块中间有墨线相连，其中左侧一线有5块朱色，其他均为黑色。这种图形或许是軑侯家族的一个表示亲疏关系的族系示意图，朱色也许意味着嫡传的关系。由于该图中有6行56个字的丧服制度记载，因此，我们将其划在帛书内进行介绍。

这56个字主要记叙了汉初人服丧的有关规定，其中提到了三年之丧、期年、九月、七月等服丧期，但没有言及三月或更短之丧期者，这与汉文帝遗诏短丧的规定似乎不太吻合，与传统的丧服记载亦有区别，因此，这或许是軑侯家族自己所奉行的丧服制度的一种图文式的记载。

（11）帛书《老子》甲、乙本

《老子》甲本用半幅帛抄成，全文共69行，不分章节，篇末不记字数，字体是古隶，文中不避汉高祖刘邦讳，其抄写年代约在公元前200年前后。乙本则用整幅帛抄成，共31行，亦不分章节，但在"德经"末尾记有"德三千卅一"，在"道经"末尾记有"道二千四百廿六"，合计是5467字。乙本字体为汉隶，文中两个"邦"字改成了"国"字，可见是避刘邦讳的，但文中不避汉惠帝刘盈讳，由此可推断其抄写年代比甲本略晚，大约在公元前194年到公元前180年之间，即汉惠帝和吕后执政期间。

帛书《老子》甲、乙本的文字基本相同，但与传世的河上公注本、王弼注本和傅奕校定本有较大的差别。最突出的是诸本《老子》道经在前，德经在后，而帛书本则正好相反，是德经在前，道经在后。其二是诸本《老子》分为81章,而帛书本则不分章节。其三是诸本《老子》与帛书本文字上多有不同。因此,帛书本可以帮助人们判断、校勘、订正传世诸本的文字讹误,正确地理解老子的思想实质。例如通行本中"道常无为而无不为"这句话,通常被作为老子思想要义的一句名言,但帛书本则仅作"道恒无名",根本就没有"无不为"的字眼,这一关键性的不同,是否是帛书抄错了呢?其实不然。帛书甲、乙两本抄写的时代不同,书手亦不同,但此处都是写作"道恒无名",这说明同时抄错的可能性极小。再从文意上理解,"道恒无名,侯王若能守之,万物将自化",读起来比"道常无为而无不为,侯王若能守之,万物将自化"更为通顺流畅,而联系通行本第32章的"道常无名,朴虽小,天下莫能臣,王侯若能守,万物将自宾"来理解,"道恒无名"也应是《老子》的原貌,更何况凡诸本中称"无为而无不为"的地方,在帛书中根本就不见踪影。因此,或许可以说老子哲学的核心在汉初恐怕还仅只"无为"而已,所谓"无为而无不为",也许是汉初以后的学者改造的结果。

(12) 帛书《五行篇》

帛书《五行》是马王堆帛书整理小组的定名,后有魏启鹏先生根据周秦古书名篇的通例,并考其全文主旨,经取首句的"德行"二字名篇,并撰有《德行校释》一书。

帛书《五行》篇本身没有标题,它紧接着《老子》甲本抄写,全篇共180行,约5400字左右,其内容主要是围绕"聪"、"圣"、"义"、"明"、"智"、"仁"、"礼"、"乐"等道德规范进行论述和解释。据研究所知，这是失传已久的关于"思孟五行"理论的重要的古文献，它的发现，证实了当时思孟学派的存在，使人们对思孟学派的一些基本观点有了清楚的认识。

帛书《五行》篇由两部分组成，自第1行至第44行为第一部分，主要提出了若干儒学命题和基本原理。自第45行至篇末为第二部分，其内容是分别对第一部分所提出的命题和原理进行论述和解说。按照古文的惯例，第一部分是"经"，第二部分则是"说"，或者说是"传"。

第一部分所提出的诸多儒学命题和道德规范中，最引人注目的是其中的"五行"说，它为解开两千多年来学术界不得其解的"思孟五行"之谜找到了一把钥匙。篇中提出了"聪"、"圣"、"义"、"明"、"智"、"仁"、"礼"、"乐"八个道德规范，然后分别对达到这些规范的不同境界给予"德"或"善"的品评。从其论述中可以看出：这八种规范中，"聪"和"明"这两种规范是放在次列或前列的位置，是作为达到"圣"和"智"的一个阶段或一种手段来评述的，此外，"乐"又是作为"仁"、"义"、"礼"、"智"、"圣"五者之和来评述的一种道德规范。因此，全篇所强调的也就是篇中所概括出的"五行"，也就是荀子在《非十二子》中所批评的思孟学派的五行说，这种五行学说以"仁"、"义"、"礼"、"智"作为君子之本性，而将"圣"视为对天道而言的另外一种高层次的品德，是"仁"、"义"、

"礼"、"智"的最高境界。这也就告诉人们：所谓"思孟五行"既不是"仁、义、礼、智、信"，也不是"仁、义、礼、智、诚"，而是"仁、义、礼、智、圣"。

（13）帛书《九主》

帛书《九主》篇是继《五行》篇后抄写的第二篇古佚书，共52行，约1500余字，主要内容是记述伊尹论九主的言论，故又称其为《伊尹·九主》。

《汉书·艺文志》道家有《伊尹》51篇，小说家有《伊尹说》27篇，但这些书很早就亡佚了，以至刘宋时裴骃作《史记集解》，只引《别录》，不能以原文纠正误字。到唐代，司马贞作《史记索隐》，对"九主"也只是望文生义，说什么"九主者，三皇五帝及禹也；或曰：九主谓九皇也"，甚至将"法君"理解为"用法严急之君"。可见，唐人已对"九主"的本义茫然无知了。帛书的出土，使我们重新认识到，所谓"九主"，原来是"法君、专授之君、劳君、半君、寄主、破邦之主二、灭社之主二"。这样，也就足以使我们重新订正《史记集解》所引《别录》的错误。例如《别录》将"专授之君"就误拆成了"专君"和"授君"，其实"专授"的原义在《管子·明法解》中有着明确的解释："授"就是付予，所谓"专以其威势予人"，"专以其法制予人"就是"专授"。所谓"专授之君"，就如《史记·范雎列传》中所说："且夫三代所以亡国者，君专授政，纵酒驰骋弋猎，不听政事，其所授者妒贤嫉能，御上蔽下，以成其私，不为主计，而主不觉悟，故失其国。"简言之，也就是专授政事于人而失国之君，根本就不能断裂成"专君"和"授君"，而"专君"、"授君"也实在不好理解，现在帛书的出土，终于解开了这个死结。

《伊尹》51篇在《汉书·艺文志》中列于道家之首，很显然是把它归入道家著作类的。帛书《九主》篇在分类处理上，当然亦应归入道家之言，但这里所说的道家，应是指汉初的道家而言，也就是说，汉初道家乃是具有很明显的黄老刑名思想的新道家，因为《九主》篇中有着很浓的黄老刑名学说色彩。例如《九主》中把"名"放在十分突出的地位，主张"法君执符以听"，"名命者符节也"，"以分听名"等等，与刑名学的代表人物申不害的理论就非常相近。申不害就主张："为人臣者，操契以贵其名。名者，天地之纲，圣人之符。张天地之纲，用圣人之符，则万物之情无所逃之矣。"两相比较，简直可以说是同出一辙。因此，李学勤先生且将帛书《九主》篇称之为"战国时期黄老刑名一派的著作"（见《试论马王堆汉墓帛书〈伊尹·九主〉》，载《文物》1974年第11期）。

（14）帛书《明君》

帛书《明君》是继《九主》之后同抄在一张帛上的《老子》甲本卷后第三篇古佚书。全文48行，约1500余字，主要是阐述贤明君主的几大要务，用帛书的原话就是：

> 以夫明君之所广者仁也，所大者义也，处者

诚也，所用者良也，所积者兵也，所寺（待）者时也，所勞者暴也。

为什么明君要着力于此呢？帛书解释得比较清楚，因为"广仁则天下亲之，大义则天下与之，处诚则天下信之，用良则天下□［之］，［积］兵则必胜，寺（待）时则功大，勞暴则害除而天下利"。由此可见，帛书所强调的明君之道，就是要奉行仁、义、诚等儒家治国理论，同时又要善于积兵，也就是要"使天下工畂（亩），诸侯有职"，以善积兵而胜天下。要善于待时而动，要善于攘暴除害等，即用积兵明法以辅行仁、义、诚等治国理论。这很明显，帛书所阐述的明君之道，也就是融合儒、法两派治国理论思想的黄老思想的一种理论。

（15）帛书《德圣》

这是抄在帛书《明君》之后的另一篇古佚书。全文存13行，约400余字。帛书整理小组认为，这篇帛书内容涉及五行，似与第一篇《五行》有关。究其内容，则主要是融合儒、道两家的思想，对"五行"观念进行综合性的发挥和阐述，帛书认为，凡具备"仁、义、礼、智、圣"五行的君子，就会"惪（德）心起"而达到天人感应的"玄同"境界，这样，借助道家学派的天道观，发展了儒家伦理哲学的目的论，这也是西汉初期思孟学派的一个重要倾向。

帛书卷后残缺太多，亦不知原题是否有篇名？魏启鹏先生曾依据先秦古籍篇章署名的通例，求证于本篇的内容，曾改称其为《四行》篇，并将其和《五行》篇一起进行了较为详尽的校释和研究（详见《德行校释》，巴蜀书社，1991年8月）。

（16）帛书《经法》

帛书《经法》和《经》、《称》、《道原》一起抄录在《老子》乙本卷前，故学术界或将其统称为帛书《老子》乙本卷前古佚书，或径称为《黄老帛书》、《黄帝四经》、《黄帝书》等。

《经法》是《黄帝书》的第一篇，共77行，凡5000余字，全文用较规范的汉隶抄写，行与行之间有"乌丝栏"界格。帛书幅宽48厘米，出土时因折叠而断裂成多块24厘宽的帛片，帛书除断裂处外，保存得比较完整。

《经法》一共由9个小章节组成，它们是：道法、国次、君正、六分、四度、论、亡论、论约、名理等，末尾有《经法》总篇题。按其内容，这是一篇讲法治、讲农战、讲君主治国之道的文章，其中"道法"又是《经法》篇的总论，以"道生法"开篇，主要阐述道与法的关系，强调以法治国的重要性，而最后的"名理"则是对《经法》篇的总结，主要概述"道"的本质和循道生法，依法治国，国无危亡的原理。因此，总起来说，帛书《经法》又似乎是《黄帝书》中的总纲。

（17）帛书《经》

帛书《经》是《黄帝书》的第二篇，共65行，分15个章节，每个章节都有题名，它们分别是：立命、观、五正、果童、正乱、姓争、雌雄节、兵容、成法、三禁、本伐、前道、行守、顺道、十大。据其篇末题字，全文约400余字，其书写款式和抄写字体和《经法》篇完全相同，显系同一抄手，同一时期所抄而成。

帛书《经》最初定名为"十大经"，后经张政烺先生对帛书"六"、"大"二字的字形作了仔细对比，认为应是"六"字，所以在由国家文物局古文献研究室整理发表的《马王堆汉墓帛书（壹）》中，将其定名为"十六经"。但由于帛书本身只有15章，而且最后一章没有章名，故学者对"十六经"的定名时有异议，近来还有主张要改称"十四经"。李学勤先生在《马王堆帛书〈经法·大分〉及其他》（载《道家文化研究》第三辑）一文中提出了崭新的见解。他认为，应该将"十六"和"经"分开来读，"十大"是第15章的章名，因为第15章正可划为十句互有联系，又各成格言的话，且能以韵脚来判断。"经"则是这一篇的总名。这种认识确实很好地解决了这篇帛书的章数与篇名不符的矛盾。因此，本书中我们改称其为《经》。

《经》通篇以黄帝君臣对话的形式来叙述治国之道和用兵策略，例如"果童"一章中就提出了贵、贱、贫、富、均等的民本思想，"前道"一章中则强调"上知天时，下知地利，中知人事"才能长利国家、世利百姓。"本伐"章则对战争的性质进行了分析，认为"世兵道三：有为利者；有为义者；有为行忿者"。"兵容"一章则认为用兵要法天、法地、法人才能作出正确的决断，取得胜利，不然，必将"当断不断，反受其乱"。总的说来，帛书《经》是一篇用黄老刑名思想以阐述治国用兵之道的古佚书，其思路与《经法》篇的治国用道理论完全相同。

(18) 帛书《称》

这是《黄帝书》的第三篇，共25行，约1600字。全文不分章节，主要是汇集当时的一些格言语录来阐述黄老思想。也正因为这种特别的近似于语录汇编式的体裁，以致有些学者甚至认为它不是一种严格意义的著作，不能被认为是一部书的连贯浑成的组成部分，（见叶山《对汉代马王堆黄老帛书的几点看法》，载《马王堆汉墓研究文集》）而是一部引自早期文献或口头名言的格言集锦汇编。其实，细细考察的结果是，这些格言语录并不是杂乱无章地汇编在一起的，而是始终贯穿着黄老道家思想的。例如开篇两节：

> 道无始而有应，其未来也无之，其已来如之。有物将来，其形先之。建以其形，名以其名。其言谓何？
>
> 环□伤威，弛欲伤法，无随伤道，数举三者，有身弗能保，何国能守？

李学勤先生将其与《周祝》相比较研究后指出："虽系两章，但均以问句结尾，实系一体。所谓由'道'而至'君人南面之术'。因此，《称》这一篇，粗看似乎凌乱无序，细细吟味，却始终沿着道家的思想轨道展开。它之成为《黄帝书》这部重要典籍的一

篇，并不是偶然的。"（见《〈称〉篇与〈周祝〉》，载《道家文化研究》第三辑）

（19）帛书《道原》

这是《黄帝书》的第四篇，也是最后一篇。其篇幅最短，只有7行，共464字。但其内容很重要，它主要是推究阐释"道"的本原、性质和作用，其内涵和思想，上承《老子》，下启《文子》、《淮南子》，具有很鲜明的汉初黄老新道家学派的特色。例如帛书开篇所言的"恒先之初，洞同太虚，虚同为一，恒一而止，湿湿梦梦，未有明晦"，就与《老子》的"有物混成，先天地生，寂兮寥兮，独立而不改，周行而不殆，可以为天下母"的思想一脉相承。而《文子·道原》、《淮南子·原道训》中，则好些章节和句子就出自帛书。例如《文子》所说"夫道者，高不可极，深不可测"就来自帛书"是故上道高而不可察也，深而不可测也"，而《淮南子·原道训》所记的"夫道者，复天载地，廓四方，柝八极，高不可际，深不可测"，就俨然是在帛书和《文子》原文基础上的润饰和修改。由此可见，帛书《道原》在道家学派著作中，实在有不可低估的重要地位。

帛书《道原》还有一个很有特色的地方就是它通篇基本押韵，这和以韵语成篇的《老子》亦非常相似。

（20）帛书《五星占》

帛书《五星占》是世界上现存最早的天文学著作之一，也是秦汉之际流行的星占古佚书之一。全书共146

行，约8000字，通篇用很规范的汉隶抄写在幅宽48厘米的整幅帛上，其内容可划分为两大部分，共9章。

第一部分是前面76行，主要是前6章，其内容是对岁星、金星（大白）、火星（荧惑）、土星（填星）、水星（辰星）的运行规律和星占规定的叙述和记录，属于天文星占类的古佚书。例如："西方金，其帝少浩（昊），其丞蓐收，其神上为太白。是司日行、蕫（彗）星、天夭、甲兵、水旱、死丧……"

  大白与荧惑遇，金、火也。命曰乐（铄）不可用兵。荧惑与辰星遇，水、火［也，命曰淬，不可用兵］举事大败。［岁］与大白斗，杀大将，用之搏之，贯之，杀偏将。荧惑从大白，军忧；离之，军［却］；出其阴，有分军；出其阳，有［偏将之战］。

这些均是古人用天文星象以占吉凶的文字记录，也是古代天文学为政治、军事服务的重要功能的写实。

第二部分共70行，主要用图表的形式记录了从秦始皇元年（公元前246年）到汉文帝三年（公元前177年）共70年间木星、土星、金星的运行位置，并描述了这3颗行星在一个会合周期内的动态，为天文学史的研究提供了许多现在看来都非常精确的数据，具有相当高的科学技术水平。例如：

  （大白）正月与营室晨出东方，二百二十四日晨出东方，瀸行百二十日，夕出西方二百二十四日，入西方，伏十六日九十六分，晨出东方。

这段文字说明当时已能准确地分辨大白（金星）上合（瀸行期间）与下合（潜伏期间）的亮度变化和记录其运行时间，其所记录的金星会合周期是584.4日，这比现在所谓的583.92日这个数据仅大0.48日。

秦始皇元年正月填星在营室，日行八分，卅日而行一度，终[岁]行[十二度卌二分。见三百四十五]日，伏卅二日，凡见三百七七日而复出东方，卅岁一周于天，廿岁与岁星合为大阴之纪。

这段记载说明，帛书所记的土星会合周期为377日，恒星周期为30年。这样，前者只比今测值378.09日小1.09天，后者也只比今测值的29.46年多0.54年。

（岁星）见三[百六十五日而夕入西方，伏]卅日三百九十五日而复出东方。

可见，帛书所记的岁星（木星）会合周期乃是395日，这比今测的398.88日也仅差3.88日。

以上所述的几个天文数据，足以说明早在汉代初年，中国的天文观测技术已相当先进，相当科学，这也雄辩地说明，中国的确是世界上天文学发达最早的国家之一。

（21）帛书《天文气象杂占》

帛书《天文气象杂占》是一种以星、彗、云、气等占验吉凶的书，它用一整幅长150厘米、宽48厘米的帛抄写而成，虽然出土时，已碎成了大小好几十片，但经整理，尚可以基本恢复其原来的面貌。这幅帛书图文并茂，除了下半幅末尾的一段之外，从上到下可分为6列，每列又从右到左分成若干行，基本上是每一个用墨或朱砂、或朱砂和墨并用画成的云气、星彗图下有一两行文字，其文字或是图的名称、解释，或还有占文，共计约有300多条。其中第一列和第二列开头的一段是各种云图和占语。第二列至第六列的开头，大部分是蜃气、日晕、月晕等和虹、恒星、北斗等星、气图和占文。第六列的中部是这件帛书中最有价值，也最完整的彗星图。最后一部分有文无图，其内容基本上和前面的文字相似，可能是同一性质的另一本占书。

《天文气象杂占》的占文，除了"贤人动"、"邦有女丧"、"有使至"等一小部分之外，其余大都是"客胜"、"主败"、"军疲"、"城拔"、"邦亡"、"益地"、"失地"、"军兴大败"、"战方者胜"等有关军事的占语。因此，该书的性质乃是兵阴阳之类的古佚书，它与《通典》卷一百六十二《风云气候杂占》、《汉书·艺文志·术数略》中所列的《汉日旁气行事占验》、《史记·天官书》、《淮南子·天文训》、《开元占经》等书所记载的兵家所用天文气象占验的内容可以互证。帛书详列云、气、星、彗四大部分，说明当时的绘制编著者，已是非常擅长此道的兵阴阳家。

帛书《天文气象杂占》所列的各国云图可以说明两个问题，第一是各图云的排列顺序很值得注意，它不像传世的《开元占经》、《晋书·天文志》等书将楚云排在第三，而是将楚云排在最前面。此外，帛书中提到吴伐楚的柏举之战，乃是以楚人的口气说的，而帛书又出土在楚国的故地长沙，这多少意味着，这部帛书应是楚地兵阴阳家的著作。第二是帛书所列的14国云图，应是代表着当时仍在战场上活跃着的14个邦国，这也就说明帛书的绘制编著时代是这14国还没有灭国之时，据历史记载，楚灭越在公元前333年，秦灭蜀在公元前316年，这就告诉我们：帛书《天文气象杂占》的著作年代应是在公元前333年至公元前316年之间。

帛书所绘的彗星图，是世界上最早的彗星形态记录，据最近的研究成果认为，帛书共绘有30个彗星的图形，并各记有占语。其中有一个星的图文残泐不清，其他29个彗星的图文基本上可以辨认。这些彗星的名称，绝大多数是以形态类似的植物命名的，如蒲彗、竹彗、蒿彗等，其中有一半未曾在传世的文献中出现，有8个名称见于《晋书·天文志》所引用的资料，它们是白灌、天欃、帚星、竹彗、天蒿、墙星蚩尤旗和天翟。

帛书所绘的彗星图大致可分为两个系统，其中有10个彗星的名称和占辞是出自一个名叫"北宫"的星占家之手，故可称之为"北宫系统"。这个系统对彗尾形态上的微小差别观测得比较仔细，而对彗头的形态观测得比较粗略。另外19个彗星的名称和占语则出自某些佚名的星占家之手，故可称之为"非北宫系统"。

这个系统则不仅注意到了彗尾的不同形态，对彗头的形态观测也比较仔细。例如其所测绘彗星的头部既有三角形的，也有圆形的，既有单圈的，也有大圈套小圈的，而彗尾与彗头的连接方式既有连接于圆圈上的，也有插入圆圈内的，等等。

用现代科学的眼光来看，帛书所绘的彗星图的头部和尾部大多能确定它们所属的类型，具有相当高的科学意义，而其图像比天文学史上记载的公元1世纪耶路撒冷上空的彗星图还要早四百年左右，因而特别珍贵。具有特殊的科学研究价值。

（22）帛书《阴阳五行》甲、乙本

帛书《阴阳五行》共有两种写本，一种用篆意较浓的篆隶抄成，故多称之为篆书本。一种用隶意较多的古隶写成，故多称之为隶书本。其实，如果我们严格地从汉字隶化的字形结构和极富代表性的波、挑等隶书特征来分析，这两个本子都可称之为古隶，或者说秦隶，只是前者在字形结构上保留了较多的篆书结构而已。如果要加区别，或者可称其为篆隶本。这个本子现存原物残损得比较厉害，已被揭分成了好几十块残片，缀合相当困难。据当时参加整理的先生记叙，这个本子"长3.5米，书写时除了部分地方为整幅帛外，其余部分则分为上下两个半幅书成，除了文字外，还有图表，可分为23个单元，并互相穿插"（见周世荣《略谈马王堆出土的帛书竹简》，载《长沙马王堆医书研究专刊》）。据现存原物所知，该帛书内容都是关于干支、二十八宿、天一运行的记录和有关月令、方位等堪舆方面的占验语辞。例如:"天一之徙以十一月、十二月戊辰",就是记叙"天一"运行的时辰规律者。又如:"西南对,西北辟道,东北小吉"等则是占测方位吉凶者。再如:"壬斗、癸须女、壬癸德,癸危燊室。""甲角、乙至(室)、甲乙斗、乙心尾"等则是有关干支时辰和二十八宿的对应关系示意表格。特别值得注意的是在一块残帛上,有一段关于楚国官名的记载:"乙当莫嚣,丙当连敖,丁当司马,戊当左右司马,己当官□。"其中"莫嚣、连敖"是楚国所特有的官名,这也就有力地说明,这个抄本肯定是楚人的著作之一。

此外,这件帛书还保留了较多的古文异体字,乃是研究战国文字向秦汉隶书转变阶段的极好材料。

帛书《阴阳五行》的乙本"长约1.23米,上有文、图表。大致分为十个单元"。(见周世荣《略谈马王堆出土的帛书竹简》)相对而言,这个本子比甲本要完整得多,有些图表相当完好,成段的文字也比较好读,例如:

子东吉,南凶,西闻言,北有得。
丑东吉,南有得,西毋行,北吉。
寅东西吉,南有喜,北有得。
卯东西吉、南有得,北见鬼。
辰东南有得,西毋行,北凶。
巳东见病,南北吉,西毋行。
午东毋行,南北凶,西闻言。

［未］东有得，西南吉，北凶。
　　申东有得，南凶，北有得，西吉。
　　酉东有小喜，南闻言，西吉，北凶。
　　戌东有得，南凶，西见兵，北吉。
　　亥西东北南皆吉。

　　这一段文字前有"十二日宫军"五字，这或许是这一段文字的标目，从该段文字所记十二日辰的所占内容来看，这显然是择吉日良辰的既定占语。

　　帛书中类似这样完整的段落还比较多，又如："丙寅、丁酉、壬申、癸卯是胃（谓）threadsymbol threadsymbol，而不□其乡（向），毋逆以行，行水，不有大丧，必亡。"这段话的上面，用墨线横断的上部单独题有一个"threadsymbol"字，显而易见，这是该行文字的一个标题，所谓"threadsymbol"，原本是"丙寅、丁酉、壬申、癸卯"这四个干支相配的日子。凡"threadsymbol"日，不可逆行，否则，不有大丧，就有家亡之灾。此外，帛书还记有刑德运行的规律，记有择顺逆灾祥的占语，记有"文日"、"武丑"、"阴铁"、"不足"等阴阳五行的特有名称和解释，特别是那好几幅图表式的文字，尤其醒目，确是研究阴阳五行学说在汉初本来面目的极好资料。但由于历史的原因，这卷帛书的拼缀整理尚不知什么时候才能完成，这里仅是片断的介绍而已。

　　（23）帛书《刑德》甲、乙、丙篇
　　帛书《刑德》是现存秦汉时期兵阴阳的著作之一。共有甲、乙、丙三篇，甲、乙两篇保持得比较完整，丙篇则残破太甚,已很难拼合和句读。现存原物共揭裱为18块残片,从残存的片断文字看,其内容与甲、乙两篇大致相同,只是该篇全部用朱文书写,间有很粗重的墨线边框,这种较为奇特的形式是否别有含义,尚待研究。

帛书《刑德》甲、乙两篇的内容基本相同,都由"刑德九宫图"、"刑德运行干支表"和关于刑德运行规律及星占、气占等兵阴阳的文献3个部分组成,所不同的是,甲篇的"刑德九宫图"绘在帛书的左上角,排在干支表的后边,而乙篇的"刑德九宫图"则绘在开篇的右上部,列在干支表的前边,此外,甲篇的抄写字体是比较放逸的古隶,行与行之间没有乌丝栏墨格。乙篇的字体则是比较规范的汉隶,间有很规整的乌丝栏,看上去比甲篇要精工得多。特别有意义的是,甲篇的"刑德运行干支表"内有"乙巳,今皇帝十一"的记载,由是可知甲篇乃是汉高祖十一年以后,即公元前196年以后的抄本。而乙篇的"刑德运行干支表"内则有"丁未,孝惠元"的记载,可见乙本肯定是孝惠元年以后,即公元前194年以后的抄本,这也就为我们判断马王堆帛书中字体相同的其他篇章的抄写年代提供了相当准确而可信的依据和标尺。换言之,马王堆帛书中凡与甲篇字体相同的其他古文献,均应是汉高祖十一年至孝惠元年之间抄成的。而与乙篇字体相同的其他帛书,则应是汉惠帝元年至汉文帝12年(公元前168年)之间抄成的。

下面且以乙篇为例,对篇中的3个部分作些简略的介绍。

"刑德九宫图"是一幅用红、黄、黑、白等颜色线条和文字组成的图形，正中是一个黄色圆环，环中又用墨色绘有一个两分的小圆，小圆与大环之间用射线切分为等分的十格，每一格中分别注有"德，戊午。刑，戊子。辛卯，大音。壬辰，雷公。癸巳，雨师。己未，丰隆。庚申，风伯。壬戌，雷公。辛酉，大音。癸亥，雨师。庚寅，风伯。己丑，丰隆"。围绕着这个黄色的圆环，按上南下北的方位，分别用不同颜色的线条连接绘制了分属金、木、水、火四行的西北东南四宫及其侧宫，这八宫既有五行方位的明确标示，还有不同颜色线条的明显区别，其中火所居的南宫和其侧宫西南宫就用朱色线条，以示南方主火的五行观念，而金所居的西宫和其侧宫西北宫则用双钩线描出，呈现白色，显示出五行中以金为白的特点。

八宫中，正宫与侧宫又有明确区别。其正宫均作正方形，里面又切分为十一个大小不等的栏格，其中十个栏格中分别注明干支和刑德诸神之名，另一个大格内则绘有一个按十二度的空间结构运行的式图，这种式图和紧邻的"刑德运行干支表"中的式图完全一样。据《淮南子·天文训》所知，式图中的十字形表示"四仲"，即十二辰中的"子、午、卯、酉"；L形则表示"四钩"，即十二辰中的丑寅、辰巳、未申、戌亥。刑德的运行也就是按照这种式图"岁主一辰"地运转的。

与正宫不同，其侧宫均作丁字形，每宫又切成十个方格，分别填注有刑德、丰隆、雷公、雨师等神名和干支。和正宫相比，没有"夏至"、"冬至"这两个时标，没有式图，而且每一个宫内都有空格，其中东南、东北两宫各空三格，西南、西北两宫则各空两格，这种空格或有何种意义，尚待进一步研究。

紧挨着"刑德九宫图"绘制的是用朱墨两色画成的"刑德运行干支表"，该表分为六列，每列由十个朱色式图组成，每个式图的右下方整齐地墨书了从甲子至癸亥六十干支，每一个干支所居的式图辰位标志线上，按左旋的方向，从子午线的子这个辰位开始，分别用墨点标明了刑德"岁居一辰"的运行规律。甲篇在"刑德运行干支表"左侧有这样一行文字：

[今皇]帝十一年，大阴在巳，左行，岁居一辰。大阴在所，战，弗敢攻。

我们查对甲篇的"刑德运行干支表"，在"乙巳"这个干支的式图内，正标有"今皇帝十一"的字样，而这一式图的左上方，即位于"四钩"的"巳"这个辰位上，正有一个标志刑德运行位置的墨点。因此，我们也就明白了，这个"刑德运行干支表"乃是大阴岁行的实际纪录。

乙篇的第三部分是两篇首尾均较完整的兵阴阳古佚书。第一篇共 61 行，每行 25 字左右，约计 1500 余字。其中分别用朱点标示章节，按其朱点，应是 14 个章节，其主要内容是关于刑德运行规律的解说和对

"刑德九宫图"的诠释。例如：

> 刑德之岁徙也，必以月至之后七日之子午卯酉。德之徙也，子若午，刑之徙也，卯若酉。刑德之行也，岁徙所不胜而刑不入宫中，居四隅。

这就是对"刑德岁徙"规律的一种解说，又如：

> 其初发也，刑起甲子，德起甲午，皆徙庚午。居庚午各六日。刑徙丙子，德徙丙午，居各六日，皆徙壬午，各六日……

这显然又是对"刑德日徙"规律的一种解释，借助这些解释，我们对"刑德九宫图"和刑德的运行规律也就有了比较清楚的认识。

第二篇共36行，每行72字左右，共2000余字，其内容主要是关于以云气、风、雨、雷等天文气象占测战争胜负吉凶的规定，全文共分为11节，每节基本上是讲一种占法，如第一节是讲月晕云气占，第二节则是以雨占军战之事等，只有最后一节不同，它不是讲占法，而是对二十八宿与地望关系的说明，而这种说明，又与历史文献记载多有不同。例如：

> 房左骖，汝上也，其左服，郑地也。房右服，梁地也。右骖，卫也。婺女，齐南地也；虚，齐北地也。

这种分野的特定范围,应是专门配合"刑德运行"的九宫图和干支表以供使用者占测战争胜败吉凶用的星宿分野,而这些特定的地望,亦为人们推寻帛书作者的国别和帛书著作的年代提供了些许线索,值得仔细探索。

(24)帛书《木人占》

这篇帛书,或称其为"杂占",据介绍说,该篇"绘方形、梯形、三角形,及婢女举木人作占验的图形"。而将另一种绘有"半圆窗格式的图形"的帛画称为《杂占》(见周世荣《略谈马王堆出土的帛书竹简》,载《长沙马王堆医书研究专刊》)。笔者曾对帛书原物作过认真的验对,那幅"半圆窗格式的图形"的帛画实在没有什么文字,只有一个似乎是"年"字的字样,看不出什么占的内容,因此或称其为《符箓》,或称其为《卦象图》。而这篇绘有"方形、梯形、三角形"的帛书上,又怎么也找不到"婢女举木人作占验的图形",却有"举木人作占验"的文字。这卷帛书又相对比较完整,除文字经浸泡字迹较虚外,整块帛书由99个不规则的图形及59行(因有些残缺,也许有误差)文字组成,因此,我们就径称其为《木人占》。现存的帛书原件囊箱上称其为《杂占图》,但因该篇以文字为主,而且每个图形中也有文字说明,所以我们称其为帛书《木人占》。

帛书《木人占》抄于幅宽48厘米的整幅帛上,其内容分上下两块排列,上面一块开篇就绘有9行99个不规则的图形，这些图形以方形为主，间有变形的匡形、梯形、三角形、井字形、十字形等，每个图形内都有少则1字，多则8字的文字注释，大多是"吉"、"大吉"、"大凶"、"小凶"、"不吉"等有关吉凶的一般占测语，但也有一些比较特别的占语。如："食女子力"、"食长子力"、"以善为恶"、"有罪后至"、"空徒"，这些图形和这些文字的关系到底如何？其所占测的对象到底是什么？现在还没有真正破译，仍待学林时贤的研究。

在这些图形的左侧和下面，分别写有五十九行占语，因为文字字迹较虚，颇难认准其字形，仅就其依稀可辨的那些文字来句读，可知其占语大都是占测方位吉凶的，例如开篇就有一行：

凡占南，西南乡（向）立，西南大阳，东南小阳，西北大阴，东北小阴。

此外，在图形的下方，列有二十多行关于方位占测的诠释语，例如：

东南首伏，名曰大优，□□，不吉。
西南首偃，名曰造禄，利会宗族，大吉。
西北首偃，名曰闻言之墨，墨行且息，不吉。
东北首伏，名曰无祠无礼。

特别值得注意的是，这件帛书中还有好几行相人的记录，如：

人颐伤人，而拊执于南禺。
人项败，将军□，乃以兵斗。

除这些较完整的几行文字外，残破处还多有"贵人恐，贱人緦"，及"人鼻"、"人口"、"人北（背）"等有关人体部位的相面用语，由是可知帛书《木人占》亦有部分相人术的内容，而这恐怕也是我国现存相人术最早的文献抄本之一。可惜的是，这件帛书的字迹不大清晰，他日或能借助于先进的红外线摄影，全部显现其字形，也许会给学术界以更多的惊喜。

帛书《木人占》的文字形体与《老子》甲本、《刑德》甲篇较为相近，是一种篆意较重的古隶，其抄写年代亦当与《老子》甲本、《刑德》甲篇相近，即应抄成于汉高祖十一年（公元前196年）前后。

(25) 帛书《相马经》

帛书《相马经》是一篇谈相马的辞赋体古佚书。全文共77行，用很规范工整的汉隶抄写在宽48厘米的整幅帛上，约5200字。除略有残损外，大部分字迹清晰。原帛书整理小组曾经指出："帛书《相马经》的文字和传世的本子，不论在内容和文体上都出入很大。从它的文体类似于赋和提到南山、汉水、江水等迹象来看，有可能是战国时代楚人的著作。"（《文物》1977年第8期）这个论断，现在看来也是不刊之论。

帛书全文可分为三个部分，第一部分（从第1行至第 22 行）是"经"，即《相马经》本文。第二部分是"传"，（从第 23 行至第 44 行的"处之，多气"）它是对"经"的大意、精要进行综合归纳，寻绎发挥的文字。第三部分则是"故训"，（从第 44 行至第 77 行）也就是对经文的训解。因此，准确一点地说，这件帛书可称之为《相马经·大光破章故训传》。这里为了方便理解，仍旧沿用原帛书整理小组的定名，简称为《相马经》。

帛书的第一部分，主要是讲相马眼的学问。因此开篇就称："大光破章。""大光"或许就是眼睛的别称，而"破"则有解析、识透之义，所谓"大光破"也就是解析，相看眼睛的意思（见赵逵夫《马王堆汉墓帛书〈相马经〉发微》，载《文献》1989 年第 4 期）。而"大光破章"也应就是这一篇经文的章名。

帛书的第三部分，主要是对第一部分的训诂解释。例如帛书第一部分开头有这样几句：

有月出其上，半矣而未明。上有君台，下有逢芳；旁又（有）积缬，急其帷刚。

乍看上去，确有不知所云之感，但我们在第三部中的文字中，就可看到这几句话的明确解释：

有月出其上，半矣而未明者，欲目上圜（环），如半［月。上］有君缬者，欲目上如四荣之盖。下又（有）逢芳者，欲阴上［者良目]久。旁又(有)积缄者,欲□□□□□□□□。[急]其维冈者,欲睫本之急,急坚久。

通过这一段训释,我们才知道,原来经文中所说,都是对良马眼睛的一种颇具文学色彩的形容和要求。

帛书的第二部分则是对第一部分和第三部分的阐发和归纳讲解。例如"经"文中有这样一句:

狄筋冥爽。

第三部分中的"故训"只是解释说:

[狄筋]冥爽者,欲艮(眼)中白者盼(盼),细而赤,赤多气。

而在第二部分中则加以阐发:

狄筋不趮(躁)动,不能半复艮(眼)者也。

三者参校来细读帛书,人们对其文意才有比较清楚的理解。当然,这第二部分并不像"故训"一样,依照经文的次序逐一来阐述,而只是就其中的几点加以发挥而已,这种发挥,有的是对经文的总结,有的则是对经文的阐发。据赵逵夫先生研究,这一部分又大致可分为五层:

第一层从第 23 行的"角欲长欲约"至第 27 行的"曲而不约者，三奴（驽）也"，主要是讲马的眼眶、眼角。

第二层从第 27 行至第 36 行，分别论述马眼四周的彻肉、席肉、游肉、微肉的特征，然后再加以概述。

第三层以第 36 行至第 38 行，是以连问的形式讲"大盈大走，小盈小走"的道理及有关问题。

第四层从第 38 行至第 41 行，重点讲马的眼睛反应灵敏、善于变化等内容。

第五层从第 41 行至 44 行，主要讲各种劣马与良马的区别。

总的说来，帛书《相马经》是一部既有"经文"，又有"传文"和"故训"的经、传、注三者合一的古佚书，它的出土，说明早在西汉初期，一些文献的解说形式，是既有"故训"，也有"传"的。

如果我们认为上述内容不诬的话，那么，我们也就应承认这样一种分析：即这件帛书的"经"和"传"、"故训"肯定不是一个人的作品，因为传注的产生，只有在语言上因时间、地域的因素形成隔膜以后才有可能。因此，赵逵夫先生认为《相马经》当产生于战国中期以前，而'传'与'故训'则要迟一些"的观点是有道理的，当然，帛书《相马经》是否产生于战国中期以前，还有待更进一步的研究。

（26）《"太一将行"图》

《"太一将行"图》本是一件具有神秘色彩和艺术价值的帛画，但因这幅帛画有多达百余字的题记文字，所以我们亦将其视为一种帛书来介绍。

这件帛画自问世以来，研究者们已给它取了好几个不同的名称，最早是称为"社神图"，后来改称为"神祇图"，近年来，又有考其为"避兵图"和"太一避兵图"者，对此，笔者曾反复比较各说，又核验原物，然后从帛画的题记文字本身着眼，采用青铜器定名中常见的以铭文定器名的方法，直接从题记文字中取名，认为还是应定名为"太一将行"图较好（详见拙文《马王堆汉墓帛画"神祇图"辨正》，载《江汉考古》1993年第1期）因此，这里径称其为《"太一将行"图》。

该图彩绘，虽有残破和互相因折叠浸染的印痕，但图像和题记文字基本清楚。现存原物幅高43.5厘米、宽45厘米。图像正中上部彩绘一位主神，他头戴鹿角，双眼圆睁，巨口大开，舌头前吐，双手下垂，上身着红装，下着齐膝青色短裤，赤足，两腿分开，双膝外曲，作骑马欲行之势。他的右侧腋下单独墨书一个"社"字，而头部左侧则有题记两行：

　　　太一将行，何（荷）曰，神从之，以……

"以"字以下残泐，因不知到底缺几字，故且用省略号表示。由题记文字可知，这位主神就是楚汉人心目中极有权威的太一神。

"太一"神的左右两上侧残得比较厉害，但仍存有两个依稀可辨的图像和一些题记文字，其中右上侧是以墨线勾勒的云气和一个半边的侧面人像，该像的左边墨书题记文字四行：

　　雨师光风雨雷，从者死，当［者有咎］，左余其，右□□。

"太一"神的左上侧则以朱色为主，绘有一些云气和一个正侧面的头像，它双目浑圆，怒视前方，它的右侧亦有题记，现仅存一个"雷"字，由这题记我们知道，这两个图像乃是雨师和雷公，这和《楚辞·远游》中"左雨师使径侍兮，右雷公以为卫"的描写可以对应。

在"太一"神的两臂之下，左右两侧共排有神人四个，按照"东行为顺"的次序，右起第一个头戴青色三山冠，身着青色短袖衣，红色短裙，右手下垂，左手高举，似举一利器，但因帛画已残，已不知为何物了。他双目圆鼓，巨口大开，长舌前吐，髭须斜飘，脸色赤红，一幅神武而狰狞的面孔。右边有一行题记：

　　武弟子，百刃毋敢起，独行莫［理］。

右起第二位亦头戴三山冠，修眉大眼，张口伸舌，左手举一剑状物，右手下垂，身着红色短衣，下穿红墨相间的条纹短裙，赤足。其右侧亦有一行题记：

　　我□百兵，毋童（动），□禁。

右起第三位，即"太一"神左侧的第一位则头作侧面，头上有角状形冠，左手上扬，手掌作兽爪状，右手下垂，圆眼鸟喙，身着红装，上加半截墨色短袖衣，其左臂下侧墨书题记一行：

我虎裘，弓矢毋敢来。

最后一位则头顶中间下凹，两端异骨突起，上顶双重鹿角，黄脸上怪眼斜睨，双口圆张，两须分扬如剑戟，脖子细长，肩部耸一怪骨，双手侧握一殳，遗憾的是其题记文字已残。

这四个神像也许正是楚帛书所言的"祝融以四神降"的四神，它们是掌管四方、护卫"太一出行"的神灵。

在"太一"神的胯下，绘有一条头顶圆圈的黄身青龙，据考证，这圆圈当指太阳，而那条黄首青龙则可能是"荷日"而行的太阳神和护卫太一出行的御驾坐骑（详见《马王堆汉墓帛画"太一将行"图浅论》，载《美术史论》1992年第3期）。

在这条黄首青龙的下边，左右还各绘一龙，其右边之龙朱首黄身，龙头上扬，龙身曲动，前持一红色瓶状物，龙头下题有"黄龙持炉"四字。而左边之龙则黄首青身，与黄龙成对峙状，前亦捧一青色瓶状物，龙首下亦题有"青龙奉容"四个字。所谓"炉"、"容"，乃是火器和水器的一种专称，"黄龙持炉"、"青龙奉容"也许正是龙主天下水旱的形象图示。

在帛画的右侧，还有一段总题记，文意都是太一出行时的祝语，文字不长，仅存44个字，但其中反复出现了"先行"、"径行毋顾"、"某今日且［行］"等语词，可见这幅帛画确是以"太一"出行为主旨的一幅作品，其性质也就是辟风雨、水旱、兵革、饥馑、疾疫用的，当时之所以要绘这样一幅帛画随葬，恐怕最主要的功利目的也就是祈求"太一"尊神能在墓主人死后，保佑其魂灵在冥冥世界中能免风雨、水旱之苦，能辟兵革、饥馑、疾疫之磨难。

（27）《足臂十一脉灸经》

这卷帛书是迄今为止我国发现最古的一部经脉学著作。出土时，与《阴阳十一脉灸经》甲本、《脉法》、《阴阳脉死候》、《五十二病方》同抄在一幅长帛上。全文共34行，用篆意较浓的古隶抄写，没有标题，但文中有"足"、"臂"二字高出正文一格书写，可知此篇可分为"足"脉和"臂"脉两部分。其中"足"脉包括足太阳脉、足少阳脉、足阳明脉、足少阴脉、足太阴脉、足厥阴脉及死与不死候一节。"臂"脉则包括臂太阴脉、臂少阴脉、臂太阳脉、臂少阳脉、臂阳明脉五节，每一节中均较简要而完整地记载了其脉的名称、循行径路、生理病态和灸法疗法。其特点是，这十一脉的循行方向全是由下而上，向心循行的，而其治疗方法则全是灸法，并都只说灸其脉，而没有穴位名称，也没有针治记载。至于病候的描述也简单而原始，没有多少理论和治则上的讨论，这反映了帛书所记经脉理论的原始性，将其与后来的《灵枢·经脉》作对比,更鲜明地反映了这个特点。

(28)《阴阳十一脉灸经》甲、乙本

这两卷帛书是继《足臂十一脉灸经》之后,《黄帝内经·经脉篇》之前撰写的另一种古经脉学著作。出土时,甲本和《足臂十一脉灸经》、《阴阳脉死候》、《脉法》、《五十二病方》同抄在一幅帛上,共37行,保存得相对较完整些。乙本则和《却谷食气》、《导引图》抄在一幅帛上,中间残缺较多,仅存18行。幸运的是,在张家山汉简中,也有一种脉书,且保存得相当完整,因此,借助张家山汉简《脉书》,可对帛书进行有效的校勘和补充。

与《足臂十一脉灸经》相比较,《阴阳十一脉灸经》则显然要进步得多,例如:①关于十一脉的排列次序,是以阳脉在前,阴脉在后,不再是以足臂分先后了。②关于十一脉的循行径路、病理症候和灸法的描述,也比《足臂十一脉灸经》进步和丰富得多,如其中有关动病和所生病等病候的记述,无疑是中国医学古籍所见最早的了。

《阴阳十一脉灸经》原无篇名,亦无章目,据其内容可分为足巨(太)阳脉、足少阳脉、足阳明脉、肩脉、耳脉、齿脉、足巨(太)阴脉、足少阴脉、足厥阴脉、臂巨(太)阴脉、臂少阴脉等十一节。有趣的是,这两篇和《足臂十脉灸经》一样,都无"经脉"之称,而只有"脉"字作为"经脉"的统称,而且其治疗也很单一,全是采用灸法,说明这两卷经脉学著作仍是比较原始的著作之一,但不可否定,它已发展、丰富了《足臂十一脉灸经》的理论,为后来的《黄帝内经》中的经脉说奠定了坚实的基础。

(29)《脉法》

这篇帛书是古医家传授弟子应用灸法和砭法的一种民间教材。全文仅300余字,抄录在《阴阳十一脉灸经》甲本之后,出土时已严重残损,漫漶难识者近半数,帛书整理小组乃根据原文首句的"以脉法明教下"而命名为《脉法》。

这里所说的"脉",与《阴阳十一脉灸经》中的"脉"含义并不完全相同,它既有后世医书中的"经脉"之义,也有血脉(血管)之义,前者如在文中提到"气"的传导径路和利用灸法根据全身各脉所主不同病候所采取的导气治疗原则等就均指"经脉"的意思,而后者如在谈到在痈肿有脓时用砭石刺破血管(脉),用以排除浓血的治疗手段等就是指血脉之义。

文中在灸法和砭法的记叙中,值得注意的是:它提出了"治病者取有余而益不足"的医疗概念,这是最早确立虚实补泻概念的古医书之一。又所谓"用砭启脉者必如式",则说明当时用砭石来疏通脉气,已具有一整套常规方法和程式,可见我国用砭石治疗痈肿的手术方法由来已久,至少在汉代初年已经程式化、规则化了。

(30)《阴阳脉死候》

这是马王堆帛书中篇幅最短的一篇,一共才一百来字，同《阴阳十一脉灸经》甲本，《脉法》等抄在同一幅帛上，原无篇名，帛书整理小组据其内容定其名曰《阴阳脉死候》。

与这篇帛书可以互校的还有张家山汉简中的《脉书》，故整理者多借其简书以校补帛书，从而对其内容有了较清楚的了解。

这篇帛书主要论述在三阴脉与三阳脉疾病中所呈现的死亡症候及有关理论。其中三阳脉的死候有一种，称为"一死"，三阴脉的死候有五种，称为"五死"。文中认为三阳脉属天气，主外，主生，一般不至于死，只有折骨裂肤，才有死的可能性，故其死候只有一种。三阴脉则属地气，主内，主杀，其病多是腐脏烂肠，常易引起死亡，故其死候有五种之多。此外，文中还引述了一些养生理论及根据脉象而决定治疗方法等内容。

值得一提的是，帛书中所说的气先死、血先死、肉先死、骨先死和筋先死等五种死候，尚未与传统的五行学说相配合，这多少说明，帛书《阴阳脉死候》乃是时代较早的著作之一。

（31）《五十二病方》

这是一部迄今所知我国最古的医学方书。出土时和上述四种医书同抄在一幅帛上，原无书名，因卷前有目录，而目录之末有"凡五十二"的记载，故帛书整理小组将其命名为《五十二病方》。

这卷帛书共计有462行，帛宽约24厘米，每行文字多少不等，按每行开首用"一"表示的条目计算，全书现存291条，基本上是每条一方，个别有两方者，分别记载了49类疾病，其中包括内、外、妇、儿、五官等各科疾病103种，保存医方283个，用药达247种之多。在各科疾病的记载中，最多的是外科疾病，诸如外伤，动物咬伤，痈疽、溃烂、肿瘤、皮肤病、痔病等等，而妇科疾病则仅有婴儿索痉一个病名。

帛书所记的医方中，均以用药为主，包括外用、内服等法，此外还有灸、砭、熨、熏等多种外治法及若干祝由方，比较真实地反映了西汉初期以前的临床医学和方药学发展的水平。

例如在记载"令金伤毋痛方"等治疗创伤、损伤的医方中，就记有解痛消肿、止血、防治伤口感染及预防伤口愈合后瘢痕的疗法记载，而其中对解痛消肿的治法就有八种方法，而所用药物则有麻醉止痛药、辛窜活血药、清热利湿消肿药等等。关于止血的方法和所用药物，如鸡毛灰、人发灰、羊屎灰、蒲席灰、百草末及酒等，现在民间亦多有应用，而且确有疗效。

特别值得注意的是，帛书中还有使用外科手术以治疗的记载，这说明外科手术并不是西医的专利，中医亦有使用的时候。如帛书中所记"牡痔"一方中就说，凡病人直肠内长了痔疮或瘤子，就用狗的膀胱套在竹筒上，扦入病人肛门中，吹胀后将直肠下端患部引出，然后用刀割去其病灶，敷上黄芩，再将直肠退进肛门中。很显然，这已是一种完整的外科手术了。这说明早在西汉初期，我国的中医外科已有了一定的发展历史。此外，帛书中有关使用水银软膏制剂治疗臃肿和皮肤病的记载，也比西方医学史上的记载要早一千多年，这也足以说明我国中医学的发达和先进水准。

帛书《五十二病方》末尾还附有几条古医方的佚文，而且字体亦有所区别，整理者曾认为这是在全书抄录后，另经他人续增的，故称其为《五十二病方》卷末佚文。这部分佚文由于多残缺不全，故很难句读，这种缀续佚文的现象有待进一步的研究以揭示其真正的原因。

（32）《养生方》

这是一部以养生为主的方书。出土时单独抄在一幅帛上，字体是介于篆隶之间的古隶体，其抄写年代大致在秦汉之际。帛书共分32篇，前面是正文，最末是目录，全文估计应有6000余字，但因缺损严重，现仅存3000余字。现存的文字中，可辨识者共有27个篇目，79个医方，按其内容分组，可归纳为7个方面：①治疗阳痿方："老不起"、"为醴"、"不起"等。②一般壮阳方："加"、"洒男"、"便近内"等。③一般补益方："轻身益力"、"醪利中"等。④增强筋力方："折角"、"疾行"等。⑤治疗阴肿方："病腹肿"等。⑥女子用药方："益甘"、"去毛"、"灼"等。⑦房中补益方："食引"等。

这些内容主要是防治衰老，增进体力，滋阴壮阳，房中补益等方面的记载，故帛书整理小组将其定名为《养生方》。

帛书《养生方》中所记载的许多医方,对于现代养生学研究、方药学研究及老年病防治等方面均有一定的参考意义。例如在"老不起"、"不起"两题中所分别介绍的年老体衰性阳痿和一般阳痿病的防治方法,就很有其科学性。如帛书对虚劳阳痿所提出的用药疗与食疗相结合的综合性防治措施,现在看来也是比较可取的。此外对房事卫生要求"若已施,以寒水溅之",是很符合性卫生原则的,而用"气钩口仰"等行气导引法来防治阳痿病,则现代亦较为流行。由是可见《养生方》对现代养生学的研究确有重要的借鉴意义。当然,帛书中间或有一些迷信色彩较浓的东西,如"戏"所记的药方之类,则是当今读者所不必关注,而应扬弃的内容。

(33)《杂疗方》

这是一卷古医方书。单独抄在一幅帛上,由于出土时已严重残损,其行数和字数都无法统计,据帛书整理小组公布的整理结果,现存文字约79行,而这79行中的行数、文字残缺也很厉害,因此内容识读相当困难。现据残帛的有限内容归纳编号,大约有45条医方,其内容主要包括六个方面:①益气补益医方,共2条。②壮阳、壮阴的诸医方,共20条。③产后埋胞衣方,共2条。④"益内利中"的补药方,约有3条。⑤治疗"蛾"虫及蛇、蜂所伤医方,共8条。⑥主治不详的若干残缺处方,共7条。

由于这些内容涉及面较多,故帛书整理小组将其定名为《杂疗方》。

这卷帛书中所记的"禹臧狸（埋）包（胞）图法"有文无图，而帛书《胎产书》中则有图无文，这两卷帛书正好可以参校互补。

(34)《胎产书》

这是一卷有关胎产的方技类古籍，但其内容并不全是医方，它和《禹藏埋胞图》、《人字图》同抄在一幅正方形的帛上，其中上部是二幅彩图，左为"埋胞图"，右为"人字图"。关于这两幅图，这卷帛书都没有文字说明，但上述《杂疗方》中有一篇"禹臧狸（埋）包（胞）图法"可作"埋胞图"的注解。"人字图"虽帛书中没有文字说明，但根据《睡虎地秦墓竹简·日书》甲种"人字"图的研究可知，这是一种根据胎儿产日预卜命运的测算图。

帛书《胎产书》的文字全部抄写在帛的下部，现存约 34 行，据其内容，大致可分为前后两部分。第一部分是第 1 行至第 13 行，是"禹问幼频"养胎方法的记录，它论述了十月胚胎的形成及产妇调摄法，其内容与六朝、隋唐时流传的"十月养胎法"大致相同，但其文字和叙述更为古朴简要，显然是比较早的祖本。第二部分是第 14 行至第 34 行，主要是集录的 21 个医方。详加分析，又可分为 4 个部分，从第 14 行至第 19 行，是记载产后胞衣的处理和埋藏方法。第 20 行至第 27 行则论胎孕男女的选择法。第 28 行是求子法，即希望通过药物以治不孕。第 29 行至第 32 行则是产后母子保健法。这些方法归结起来无非是安胎保产，求子多孕等医方，因此，帛书整理将其定名为《胎产书》。

(35)《却谷食气》篇

这是一卷充满道家思想观念的养生学著作。出土时，和《阴阳十一脉灸经》乙本、《导引图》抄在同一幅帛上，但因残破得厉害，行数和字数颇难确定。现存可辨识的字计 272 个，缺损字数大概也在 200 余字左右，由于没有其他材料可资参照，其缺文已无法校补，但仅就其现存文字分析，其内容大致包括却谷和食气两部分。却谷是不吃谷物而吃代用品，食气是古代气功的一种，它是一种结合呼吸导引以求却病养身的方法。此外，书中还就一年四季自然环境中的各种不同因素对于人体产生的各种影响加以阐述。尽管内容残缺不少，但其所录，反映了我国汉代以前气功导引的已有成就，现在看来也有许多临床实践的参考价值。

(36)《导引图》

这是一幅彩绘的导引练功图。严格地说，也不应划在帛书内讨论，但该图的每个图式原都有题记，而且又是和《却谷食气》篇、《阴阳十一脉灸经》乙本同抄在一幅帛上，故言及马王堆医书者，都自然要论到它。因此，我们亦将其和其他医书一起作一介绍。

《导引图》现存帛高 50 厘米，长约 100 厘米，出土时已大部破损，后经整理者多方缀合拼复，得知帛上共有 44 幅人物全身的导引招式，它分为上下 4 行排列，每行各绘 11 幅小图，所绘人物老少、男女均有，人物姿态动作各异，有坐式者、站式者，有徒手导引者，亦有持器械发功者。人物形象则多戴头巾或绾发，仅3人戴冠，身上多著夹袍、穿布履，但亦有赤膊、赤足者，可见其导引锻炼时并不讲究服饰。每个导引图侧原都有文字题注，但残缺太多，现能看出有字迹者约30余处，而清晰可辨者则20余处。帛书整理小组根据其图式和《隋书·经籍志》中有"《导引图》三卷"的记载及《却谷食气》篇上部分文字考定，将其定名为《导引图》。

《导引图》虽然残破厉害，且题记亦很简略，但内容却十分丰富。具体地说，这些导引图式可分为医疗功和健身功两个方面。例如图中明确标明"引"的图式就是医治某种疾病的术式，如"引頯"、"引聋"、"引膝痛"、"引项"、"引温病"等就是医疗功这个方面的。而以健身为目的的养生术式，如"熊经、鹞北（背）、蚕（龙）登"之类，就都是健身方面的内容。如果我们换一个角度，从图示的导引术上分，大致可分为4大类：①徒手导引。②器械练功，图中出现的器械有盘、棍、球、袋4种。③行气吐纳；如"仰呼"之类。④意念活动，主要是从帛上所绘人物的凝神存想之态中表现出来。

这幅帛图的内容肯定在秦汉之际比较流行，其术式的源头可能早至先秦时期。但其所绘制的年代，据其所书字体判断，亦应是汉代初年即汉高祖十一年（公元前196年）左右。

（37）驻军图

"驻军图"或称为"守备图"，乃是一幅长98厘米、宽78厘米的军用地图，但由于图中所记文字较多，故亦放在帛书中加以介绍。

据研究所知，"驻军图"所绘的区域大致在今湖南省江华瑶族自治县的潇水上游一带，方圆约五百里。图的方位是上南下北，其比例大致为八万分之一至十万分之一左右。图上分别用红、黑、浅蓝几种颜色表示防区、城郭、障塞和水系，特别是表示防区的朱色线条，沿着山脊走向，北沿九嶷山，西沿萌渚岭，东南与关东岭、南岭主脊相接，充分利用了自然地形，显示了相当高明的军事防卫水准。

图中详细标注有城堡、障塞和营垒等军事要塞的位置和文字，并特别用丁形或方形或不规整的框格注明了驻扎军队的所在位置，从图上可以看到，驻守此地的有4支军队，大部分驻扎在诸水系的上游，分成9个营垒，其中主力军驻守于大深水一带，居中有"周都尉军"，"周都尉别军"，右翼则有"徐都尉军"和"徐都尉别军"，左翼则有"司马得军"、"桂阳□军"等。最引人注目的是图中间的三角形堡垒式的"箭道"，它的三面都绘有岗楼式的城垛和箭楼，并有一条"复道"靠近水系，隔水又有"周都尉军"驻防，很显然它是这个防区的最高统率所在地。

"驻军图"中除一些军事要塞都有图注外，还绘有两个方形的城邑，一处是"深平城"，它大致位于今江华瑶族自治县的沱江，还有一处是"故官"，它或许是候馆的旧址。此外，图上圈注最多的里名，经统计共有41个。"里"本是最基层组织行政机构，但图上所注似乎并不注重"里"这个行政单位的大小，而主要是详注各里的户籍情况，如：

> 沙里，三十五户，今毋人。
> 垣里，八十一户，今毋人。
> 资里，十二户，不返。
> 蛇下里，四十七户，不返。
> 胡里，并路里。

很明显，这种记载，都是为驻军征集兵力，调集民力作注脚的，这种记录，也客观地记录了当时因战争而人口锐减的实际情况。

根据历史文献记载，公元前181年南越王赵佗曾"发兵攻边，为寇不止"，吕后曾派将军隆虑侯周灶将兵击之，后因暑疫罢兵的史实和图中所绘的军事防区图及所注文字推论，这幅帛图应绘制于高后七年（公元前181年）南越王攻打长沙国边境之时到汉文帝元年（公元前179年）罢兵以前，也就是说，它的绘制年代应在吕后七年至汉文帝元年之间。这幅"驻军图"之所以随三号墓墓主人下葬，也就意味着这位轪侯之子亦是当时参加抗击南越，戍守边郡的长沙国军事长官之一。

（38）地形图

"地形图"又称"长沙国南部舆地图"或拟称为"西汉初期长沙国深平防区图"（见谭其骧《二千一百

多年前的一幅地图》，载《文物》1975年第2期），这里，我们仍取帛书整理小组的定名，直称其为"地形图"。

这幅地图出土时已断成32折，经过专家们的精心拼缀，组合成了一幅长宽各96厘米的正方形图，图上绘有河流、山脉和城镇、乡里、便道等各种地理要素，其所绘区域以"深平城"为主，西向大致包括桂林地区的大滨江以东的灵渠；东向大致包括珠江口一带的九龙和香港；北向则大致止于湖南零陵地区的阳明山以南的双簰附近。地跨今湖南、广东省和广西壮族自治区的一部分。在东经111度至112度30分和北纬23度至26度之间。

"地形图"的方位是上南下北，其比例尺约为十八万分之一，以现代地图制作理论来衡量，这幅图亦已达到了相当准确、精密的程度。例如图中用闭合曲线来勾画的山脉，其轮廓、走向和峰峦起伏的地形特征都绘得十分准确，而用方块表示城镇、用圆圈表示"里"等行政单位都井然有序，不相杂乱。至于其比例的准确性，亦不能不使人们为之惊叹。

这幅地图所绘大致可以分为主区和邻区两大部分，主区以今湖南道县及潇水流域为中心，邻区则以今全州、灌阳和钟水一带为主，广东南海一带则为远邻区。图中除潇水这一主要水系外，共绘有30多条支流，除部分文字残缺者外，有文字可考的河道有11条，它们是：臑水、冷水、罗水、仁泽水、部水、垒水、临水、泠水、春水等。这些水系的描绘多用粗墨线勾填主干道，用细墨线描绘大小支流，河流的大小宽窄，清楚明白，很便于查检。

这幅地图除详绘有水系、山脉外，还标有8个城邑，57个乡里，其中8个城邑都是汉代所置县名，经考古调查，这8个县城均找到了当时相应的古城遗址，它们分别是"桂阳"，在今广东连县；"南平"和"龁道"，在今湖南蓝山县境内；"泠道"，在今湖南宁远东城；"舂陵"，在今湖南宁远柏家坪；"营浦"，在今湖南道县县城。"桃阳"和"观阳"，在今广西全州和灌阳县境内。这8个县在地图上分别用方框图示，特别醒目，显然是当时长沙国南部的政治、经济、军事、文化的重要活动地。

这幅地图还有一种用特殊图例表示山脉的方法，这就是在该图的左侧下方，用9个并列的方柱来表示九嶷山的9峰，而且旁边还加注"帝舜"二字。从其所绘方位和文注所知，这九个方柱确是代指九嶷山的九峰。这种特殊的表示法无疑是现代地图绘制中用形象图示地理位置的最早范例。

关于这幅地图的绘制年代，目前尚有争议，但有一点是基本一致的，即这幅"地形图"比"驻军图"的绘制时间要略早一些。或以为它是"秦代江图"，这已遭到有些学者的有力反驳。应该说，这幅地图绘制于汉初应没什么大的问题，因为这幅图的文字已相当的汉隶化，而其内容又反映了汉初历史的真实面貌。至于其准确的绘制年代，很可能是在汉高祖五年（公元前202年）以后至高后七年（公元前181年）这段时期之内(详见曹学群《论马王堆古地图的绘制年代》,载《马王堆汉墓研究文集》,湖南出版社,1994)。

4.4 其他零散帛书内容略说

除了楚帛书和马王堆帛书这两大宗帛书外,还有几件零散的楚、汉帛书,它们是有"长沙子弹库第二帛书"之称的楚帛书残片,斯坦因发现的敦煌书信体帛书和甘肃省文物考古研究所在敦煌马圈湾汉代烽燧遗址所出的条形状帛书。这几件帛书因不是具有文献意义的典型帛书,所以本书不进行具体讨论,只是考虑到它们乃是迄今为止出土的为数有限的帛书品种,故附在一起作点简略的介绍。

(1)"长沙子弹库第二帛书"

所称"长沙子弹库第二帛书",有着虚实不同的两种说法。最早被李学勤先生称为"第二帛书"的实物实际上是不存在的。因为李先生所据乃是澳大利亚学者巴纳博士所作的复原图和摹本。这份摹本据称是根据粘连在楚帛书上的帛片残痕作下来的,共有三行半文字。后经李零先生考证,帛书原件上的残痕,除了"司君"和"丝"3个字可辨识外,其他都是完全不成形的痕迹,巴氏所作的摹本,"实际上是以《文物》1966年5期51页图三二发表的望山一号墓出土占卜简的文字为主,加上原书的'司君'和'丝'三字,以及从第一帛书挑出的几个字拼凑而成"(见李零《楚帛书的再认识》,《中国文化》第10期)的。巴氏所摹,李学勤先生首称的这件"第二帛书"并不存在,但与第一帛书同时出土的确有另外几件帛书，我们在这里姑且统称其为"第二帛书"而作些介绍。

《文物》1992年第11期发表了商志𩡺先生《记商承祚教授藏长沙子弹库楚国残帛书》一文，并随文发表了这些残帛书的图版，其中最大的一片，最长处4.6厘米，最宽处2.7厘米，上有墨书14字，用朱丝栏界为3行，另有乌丝栏残帛6片，亦有墨书文字。据考证，这些片言只语大都是"占辞术语"，属术数类的内容。而根据帛书残片有朱丝栏、乌丝栏的区别特征分析，这些残帛应该分属至少两件帛书。

与商先生所收藏的楚帛书残片来源相同的另外一些楚帛书残片则收藏在美国赛克勒美术馆。笔者曾承李零先生慨允，在他家中观看了他从美国赛克勒美术馆拍回来的一团尚没有揭开的帛书的幻灯片。据李零先生介绍，在已揭开的部分帛片上有朱书者，也有朱丝栏和乌丝栏的区别，至少也有二至三件帛书，其中有一件有可能基本拼复其原状。我们相信，日后如果能借助更先进的科学技术，解开这团帛书之谜，所谓"长沙子弹库第二帛书"的真面目也就会大白于天下。

（2）敦煌帛书

敦煌帛书现在所知共有4件，其中有3件是英国汉学家斯坦因在敦煌发现的，3件中有2件是书信，另一件则是关于缣帛一匹的幅广、长度、重量和价钱的记录。第4件则是1979年在敦煌马圈湾汉代烽燧遗址发掘出土的。现分别介绍如下：

两件书信帛书都是一位名叫"政"的人给一位叫"幼卿君明"的先生写的很普通的私信。其主要内容是叙说他和幼卿久未相见，而自己居成乐5年多，未得升迁，又因道里远隔，来往书信极少，今借同吏郎迁敦煌鱼泽候之机，特写信问候，并对幼卿君严教其舍中诸子无恙而表示感谢。另一封信写得较短，主要是谢谢"幼卿君明"力教舍中儿子无恙，同时提到"数奏书"之事，很可能是因为"幼卿君明"未有回音，故最后是"愿幼卿赐记"结尾。

这两封信件，从内容上看并没多大意思，但它作为现存最早的书信帛书原件，则显得特别珍贵。

这两件帛书的形制稍有区别：文字较多的一种呈长方形，边角略残，现存长15厘米，宽6.5厘米，帛上三边尚有墨栏钩线，中间隐约有乌丝栏界格，极像现代的直行书写栏格；其字体是比较工整的隶书。文字较少的一种则作正方形，约9厘米见方，中间缺了一个大洞，边角亦有残缺，据照片所示，中间的缺洞显然是包裹东西后残缺的；左下两边亦有墨线，却没有乌丝栏的痕迹，但从其边周的墨线可知，这两幅帛书都可能是当时专用来书写信件的丝帛，特别是这两件帛书的字体相同，一看便知是一人所写。因此，用帛作书写材料，在西汉初年以后的很长一段时间内还在一般官吏中通行恐怕是不可否认的事实。这两件帛书原件均藏于英国伦敦大不列颠博物馆。

另两件帛书，一件是斯坦因发现的，其文字28个，原文已在"帛书的名义"一节中作过介绍。另一件是马圈湾汉代烽燧遗址出土的，其形制与斯坦因发现的基本相同，帛作长条形，长43.4厘米，宽1.8厘米。据报道，它的左侧是毛边，右侧则边缘较整齐，上端作半弧形，下端平直。墨书一行，是绢帛染成红色后再写上去的，其内容是：

> 尹逢深，中毂左长传一，帛一匹，四百卅乙
> 株币。十月丁酉，亭长延寿，都吏稚，钇。

意思是中毂左长尹逢深持信传和值四百三十一铢的帛一匹去交易，十月丁酉这一天，由亭长和都吏验讫。这段文字虽不多，但它为研究汉代市贸制度、绢帛价格等问题提供了重要的实物资料。

这件帛书的字体是比较率意的隶书，个别字变形厉害，但整体的书法风格秀润多姿，应是西汉中期的隶书作品。

5 帛书的性质

（1）楚帛书的性质

关于楚帛书的性质，许多学者作过专门的研究和讨论，曾宪通先生在其《楚帛书研究述要》（载《楚地出土文献三种研究》）一文中，曾对各家之说进行过很好的归纳分析，我们且引述其文以说明楚帛书的性质：

关于楚帛书的性质，最有代表性的说法有下面数

种：①文告说。持这种说法者有蔡季襄、陈槃、董作宾等，他们认为帛书的内容是"文纪祀神"，其主旨在于宣扬"天道福善祸淫"的遗训，所举为古帝王告诫后人敬慎之词。②巫术品说。持这一说者有郭沫若、安志敏、陈公柔、商承祚、林巳奈夫、周世荣等，他们都认为"帛书出自墓葬，是用来保护死者的巫术性东西"，是一种巫术占验性的图文。③月令说。持这一说的有陈梦家、严一萍、杨宽等，他们认为楚帛书的性质与《管子·幼官》、《周书·月令》、《吕氏春秋·十二纪》、《淮南子·时则训》、《礼记·月令》等书很接近，应是战国中期的楚月令。④历书、历忌说。持这种观点的有李棪、李零等人，他们认为帛书虽与月令性质相近，但形式上比月令原始，没有复杂的五行系统，内容上没有月令诸书那种说礼色彩，只讲禁忌，因此，帛书当与古代历忌之书相近。⑤阴阳术数家说。持这一说者主要以李学勤为代表，他认为帛书的思想属于阴阳家，有明显的五行说色彩，应是阴阳术数的佚书，并称帛书是目前所能见到的最早的术数书。⑥天官书说。持这一说者以饶宗颐为代表，他认为帛书内容与《周礼·春官》有很多地方相同，其主体是楚人的天文杂占，故可称之为楚国天官书的佚篇。

上述六种意见，大都各有理由和依据，故颇难定于一尊，曾宪通先生曾予以归纳说：

> 除早期之文告说外，其余五说皆不离历代术

士所传的"数术"之学，应属《汉书·艺文志·术数略》所称天文、历谱、杂占三类，其思想则与"阴阳家者流"为近。

这种归纳，虽未免太笼统了一点，但与其仅取一端之说，还不如这样泛称更稳妥一些。现在看来，称楚帛书的性质乃是术数类的楚人著述，恐怕谁也不会有什么太多的指责。

楚帛书的性质已明，那么，"第二帛书"的性质亦大致相近。李学勤先生和商志𧫴先生在对其进行介绍分析时就指出：帛书所记乃是卜辞术语，是属于术数类的古佚书。

（2）马王堆帛书的性质

马王堆帛书多达6大类44种，要统言其性质，显然不大可能，但如果我们并不对其单篇的性质作具体分析，而是从其所集中随葬的事实和汉初的历史背景去统括这一批帛书的性质，似乎又未尝不可。

我们知道，这批多达44种、十几万字的帛书乃是集中在一起，同装在一个长方形漆奁盒内随葬的，我们参照司马谈《论六家要旨》和班固《汉书·艺文志》中对道家思想特征的解释来看这批帛书，似乎可以这么说，这批帛书可能乃是西汉初期墓主人所喜爱而信奉的道家学说的资料汇编。

司马谈《论六家要旨》说："道家使人精神专一，动合无形，赡足万物。其为术也，因阴阳之大顺，采儒家之善，撮名法之要，与时迁移，应物变化……"

班固在《汉书·艺文志·诸子略》中亦称："道家者流，盖出于史官，历记成败存亡祸福古今之道，然后知秉要执中，清虚以自守，卑约以自持，此君人南面之术也。"

据此，我们知道汉初的道家学说的实质也就是"君人南面之术"，这种帝王之术自然要择取名家学说之长而自成其术，故"因阴阳之大顺，采儒墨之善，撮名法之要"乃是其必然的要求。联系西汉初年盛行黄老之术的历史背景来看，我们可以说，这批帛书的大部分篇幅都是为这种"君人南面之术"服务的文献资料和依据。

（3）敦煌帛书的性质

敦煌帛书数量有限，已知的这4件帛书的性质亦很清楚。其中两件就是一般的家信，另一件则是一种亭吏验查的凭证，是文书类性质的帛书。

二　帛书的发现、流传经过

帛书的发现和流传经过最为纷乱的只有楚帛书一种，其他如马王堆帛书，因为是经科学考古发掘出土的，其发现和流传的经过并没有多少传奇色彩，而敦煌几件帛书的发现和流传经过也比较简单，唯有楚帛书的发现、流传始末扑朔迷离，众说不一。近年来，唯有李零先生在此方面做了大量的调查研究工作，才基本上廓清了楚帛书流传过程中的岁月迷雾。这里，我们主要参考李先生的调查结果，同时查考楚帛书流传过程中的主要当事人蔡季襄的档案和自述，对楚帛书的发现、流传始末作一次较为完整的述说。

楚帛书的发现和流传始末

楚帛书最早被称为晚周缯书，是1942年9月左右被当时长沙一批专事盗墓的"土夫子"盗掘出土的。当时参加盗墓的"土夫子"有任全生、漆孝忠、李光远、胡德兴等人。以任全生为首的这批盗墓人员，在新中国以后多被当时的湖南省文管会，后来的湖南省博物馆所接收。1973年，为了同刚刚发掘的马王堆汉墓作比较，任全生等人还带着当时湖南省博物馆考古部的同志找到当年他们盗掘楚帛书的墓地，即长沙市东郊子弹库楚墓，对该墓进行了一次补救性的科学发掘。据《文物》1974年第2期上刊出的《长沙子弹库战国木椁墓》的简报所知：该墓形制不大，带斜坡墓道，葬具为一椁双层棺，椁室大小为长3.06米，宽1.85米，高1.33米。墓主是一位40岁左右的男子，随葬的器物包括鼎、敦、壶等陶器和竹木漆器、丝麻织品、玉璧帛画等。据任全生等人追忆，著名的楚帛书就是从这个楚墓中盗掘出来的。

楚帛书被盗掘出来后，最早的收藏者是长沙东站路唐茂盛古玩店的老板唐鉴泉。蔡季襄在他的自传中说：1943年，他在从上海逃回长沙后，花了数千元的代价，在东站路唐茂盛古玩店买到战国时代出土的缯书一幅和其他陶铜器物。然后，长沙于1944年4月沦陷，蔡季襄携带楚帛书避难至安化。在安化城北租房住了一段时间，花了几个月的时间，于1944年8月以前写了一本《晚周缯书考证》，同年在蓝田付印，第一次对楚帛书的形制、文字和图像进行了研究和介绍。1945年抗战胜利，蔡氏从安化回到长沙，因生计清淡，即于1946年携带楚帛书前往上海，想通过上海的古董商金才记等人卖一个好价钱。但金才记出价太低，蔡氏转而找了另一位早已认识的古董商叶三。叶氏认为当时上海对帛书漆器等文物的销路不好，不愿接手。后经傅佩鹤从中牵线，与正在上海的柯强联系上了。

此人曾于1934年至1937年，在长沙的雅礼中学任教，其间曾与蔡氏有过交往。初次见面，柯强看到了蔡氏所写的《晚周缯书考证》一书，如获至宝，索要了一册带回他的寓所。后在柯强的寓所里，柯氏介绍说美国有红外线照相机，可以显示缯书上不清楚的文字，提高和增加缯书的价值。这样，在傅佩鹤的怂恿下，在柯强的一再要求下，蔡氏既为了脱手卖个好价钱，又为了多解决一些文字的释清问题，答应将帛书借给柯强研究照相，结果却被柯氏连哄带骗地将帛书转手带到了美国。这中间的具体经过，许多帛书的研究者并不清楚，为了让这段内情公之于世，笔者查阅了蔡氏档案，今从蔡氏自己所写的自供状中摘录一节，以作为这段鲜为人知的帛书流失经过的最可信的第一手文字记录。

傅佩鹤一清早就来了，我便携带了缯书和一个装缯书的破烂竹子织的匣子，匣子里面还有一些零星缯书残片，和傅佩鹤一同带到了柯强的公寓。柯强见了，非常高兴，当时把缯书展开看了一下便连忙收到木柜里去了，约我明天早晨去取。第二天我和傅佩鹤去取缯书的时候，柯强望见我们，皱着眉头说："对不起，缯书还没有照好，因为我这部照相机还缺一些零件，所以不能照，我准备今天和你谈话后，我到我的朋友家中去借来，总得把它照好，请你明天来罢。"

到了第三天，我和傅佩鹤一早去的，进门之

后，柯强望着我们笑嘻嘻地说："我昨天在你们去后，就坐车到我的朋友家中把零件借回来了，但是不大相合，还是不能照好，恰巧我有一个朋友，他是一个上校，昨日由美国飞到上海，到我这里来看我，我把这事和他说了，他也很高兴，因他有事马上就飞台湾转旧金山，我想是一个很好的机会，我就托他带往美国用红外线给你照相去了，这个忙我可帮助你不小。"

当时我听了，呆了半晌，心中非常气愤，便对柯强发作道："我对你这种作法，绝对否认。我这幅缯书，是我的主权，你要寄到美国去拍照，也应当征求我的同意后方可带去，你不应该业不由主，随便寄去。你昨天约我今天来取缯书，现在请你马上交还我。"他听我这样说，也没生气，依然笑嘻嘻地说道："蔡先生，你不要这样性急，我是一番美意，拿到美国去拍照，我保证在一个星期内，就可寄回来还你的，请你原谅，等待几天罢，如果途中有什么意外发生，我还可以照价赔偿。"傅佩鹤把我拉到一旁，细细地对我说："缯书已经被他寄走了，现在着急也没有用，只怪我们太大意了，我看情况，要缯书回还你，恐怕会成问题，它方才提出保证说，缯书在途中如果发生意外，他可照价赔偿，我看你这张缯画，终久还是会卖掉的，不如趁这个机会，作价卖给他，要他先付一笔定金，免得弄得钱货两空，并且他现在是美国海军陆战队的情报员，你和他闹翻了，说不定他要难为你一下,是很容易的事。你如果同意,我可以和柯强商量一下,现在把缯书的价钱谈好,要他先付你一笔定金,将来缯书寄回来了,那就更好,如果不寄回的话,你可以向他索要缯书价款,一来双方不致闹翻,二来不致踏空,请你斟酌一下。"

我当时也觉得毫无其他办法,只好听凭他们摆布,由傅佩鹤和柯强商量,把缯书作价一万元美金,当日由柯强先交定金一千美元作为保证,日后缯书寄回,我将定金退还给他,如果不寄回的话,则我向他取回余款,期间以1946年9月为期。并经傅佩鹤从中斡旋,写了如下这个字据:

言定晚周缯书书价美金一万元,先交定金美金一千元,余款美金九千元言定在1949年8月底付清。

柯强用中、英文在字据上签了字,并以为时间太紧,将8月改为了9月。(见湖南省博物馆所存的蔡季襄档案)

时值9月,待蔡氏再去上海找柯强时,柯氏已因其父去世赶回美国去了,从此两人亦再无缘谋面。就这样,由蔡氏收藏的这件稀世珍宝,也就流入美国,成了他人之物。而帛书在美国的经历蔡氏亦难以知晓了。

上面所摘录的蔡氏所言,除个别文字作些订正外,基本上是蔡氏的原话,看起来带有传奇色彩,但它毕竟是蔡氏的原始记录，至少给我们说明了帛书流入柯强之手，流入美国的具体地点和具体时间，至于其细节的可信程度如何，我们则无需细究了。

楚帛书流入美国以后的情况，一直少有人调查和真正弄清楚。近两年，全赖李零先生在美国作了大量的寻访和调查后，才基本弄清其收藏和转手情况。现参考李零先生的记述（详见《楚帛书的再认识》，载《中国文化》第10期和《中国方术考》，人民中国出版社，1993）作些介绍如下：

1946年蔡氏在无法与柯强联络之后，曾于1947年底，拜托即将赴美求学的原长沙雅礼中学的学生吴柱存代其在美寻找柯强并索回帛书或余款。吴氏在美确实找到了柯强，但因帛书并没有卖出，故并没有什么结果。1950年吴氏回国，蔡氏也因贩卖文物在广州被拘审。几个月后蔡被收录为湖南文管会的工作人员，从此再没有和吴氏联系，蔡氏本人一直到死也没有再看到帛书，也一直不清楚帛书在美的情况，更没有再收到过柯强的任何书信和余款。

现据赛克勒美术馆所存档案中柯强与纽约大都会博物馆远东部主任普利斯特的通信和柯强从大都会博物馆提取楚帛书的文件复本所知，在1949年以前，柯强曾确实游说美国各大博物馆，希望能以高价售出，但毫无结果。后来柯氏尽管把价钱压到7500美元，而且反复游说，声称无人购买，就得归还中国，或到伦敦或斯德哥尔摩去卖，但普利斯特仍无法说服大都会博物馆买下此物，只同意留供检验。这样，从1949年至1964年，楚帛书就以供检验为名寄存在纽约大都会博物馆，而由柯强同时弄往美国的其他帛书残片和存放帛书的竹笈则存放在华盛顿的一家库房里，处于一种暂时的"无主"状态。

1964年，柯氏从大都会博物馆取出帛书，转售于纽约古董商戴润斋。1966年，戴氏将从柯氏手中购得的文物转售美国古董收藏家赛克勒医生，当时戴氏本想留下那张楚帛书，后因美国著名的古董收藏家辛格博士偶然发现而大力推崇，力劝赛氏购进此物，这样，楚帛书才归赛氏所收藏。楚帛书虽已是赛氏的收藏品，但从1966年至1987年，这件艺术瑰宝一直存放在纽约大都会博物馆。1987年华盛顿赛克勒美术馆建成后，楚帛书才连同赛氏所藏的亚洲文物一起移存该馆保存至今，而由柯强原存放于华盛顿一家仓库的其他帛书残片和竹笈也随后由柯氏一并售给了赛克勒美术馆。

赛氏生前曾多次表示，将来总有一天会把此物归还中国。他的朋友辛格博士曾预言，楚帛书也许会在赛氏所捐助的北京大学赛克勒考古艺术博物馆开馆之际归还中国。很遗憾的是，在北大赛克勒考古艺术博物馆开馆之前，赛氏就已不幸谢世，因此，赛氏的愿望未能实现，楚帛书亦由赛克勒美术馆保存至今。

长沙子弹库出土的帛书中，这幅最完整的也是最著名的楚帛书的发现流传经过大致如上所述。而同是该墓出土的其他帛书，则因残损严重而分归不同的物主。1992年第11期《文物》上所刊商志醰《记商承祚教授藏长沙子弹库楚国残帛书》一文公布了商承祚收藏的1枚帛书残片。据说商先生的帛书残片得自长沙的徐桢立，而徐氏又得自唐鉴泉（一说得自蔡季襄）。也许是1943年唐氏将完整的帛书和竹笈及竹笈内的帛书残片卖给蔡季襄时，留下了这1块残片，然后转手徐桢立，待商先生到长沙时，再转卖给他的。据商先生1964年在《文物》第9期上发表的《战国楚帛书述略》所知，这些帛书残片亦可能购自当年的长沙唐茂盛古玩店的老板唐鉴泉。这1块残片由商先生珍藏至今，乃是目前所知保存于国内的唯一的楚帛书残片（后由其子商志䣱先生为代表于1996年捐赠给湖南省博物馆收藏）。除此之外，其他帛书残片的流传经过则和那幅著名的楚帛书的流传经过一样，经蔡氏流入柯强之手，然后流入美国。在寄放于华盛顿一家仓库数十年后才一并归入华盛顿赛克勒美术馆保存至今。

2 马王堆帛书的出土整理经过

马王堆三号汉墓帛书是1973年12月经科学考古发掘出土的，出土时，它全部盛放在三号墓东边箱的一个长方形漆盒内，这个漆盒长59.8厘米，宽37厘米，高21.2厘米。盒内有五格，最边上是一个较窄的通格，盛放着帛书《导引图》和缠在二、三厘米宽木片上的帛书《老子》甲本，上面还压着两卷医简。中间较大的一格则放着一叠折叠成长方形的帛书。其他三格中基本上是空的，有两个空格中放有牡蛎壳和植物枝茎，这类东西到底是作什么用的，目前尚不清楚。

帛书出土后，国家文物局高度重视，当时国家文物局王冶秋局长批示，立即将帛书运往北京故宫博物院进行抢救性的揭裱整理。揭裱工作大致前后进行了几年才初步告一段落。托裱好的帛书从1981年开始逐步归还湖南省博物馆，到1985年9月，所有帛书，包括帛书残片已全部归还湖南省博物馆保管。当时全部装裱成卷的只有《老子》甲本、《刑德》甲、乙篇、《导引图》、《五星占》、《胎产书》、《杂占图》等几种，其他帛书都还是处于托裱状态，即并没有装裱成卷，特别是有好些残片因太碎而不便保管。故在1987年，由湖南省博物馆的周志媛同志试着装裱了两个帛书残片册页。时隔多年，在1992年，为纪念马王堆汉墓挖掘二十周年，湖南省博物馆又组织人力物力，由笔者负责帛书内容的前后拼接，由周志媛同志再次对帛书《战国纵横家书》、《系辞》进行了装裱，同时由周志媛、汤素雅两位同志分别对帛书中难以完全拼合的如《春秋事语》、《阴阳五行》、《五十二病方》、《养生方》等进行了单片帛书的装裱工作，对帛书的保护和原件的整理有了一些改善。直至今天，帛书的装裱工作也没有最后完成。因为帛书的拼接工程太大，特别是那些尚未整理发表的帛书，又无历史文献可稽查考，故要想将原物的装裱基本复原，仍是一项艰巨的任务。

三　帛书研究综述

1　楚帛书研究

自楚帛书重新面世以来，时间已过去半个多世纪了。中外学者倾其心智，对楚帛书进行了多方面、多层次的艰难的探索和研究，撰写了一大批具有很高学术水准的研究论著，从而使楚帛书的研究成为一门专门的学问。

楚帛书的研究，较为全面的有李零先生的《长沙子弹库战国楚帛书研究》和饶宗颐、曾宪通先生的《楚地出土文献三种研究》两书，这两本书对时至1988年为止的研究成果作了综合性的评介。而后又不断有一些楚帛书的研究成果得以发表。笔者参照李、曾二位先生的评介，加上本人所知的最新研究动态，在这里对楚帛书的研究作简略的评述。

（1）楚帛书研究的几个阶段

楚帛书的研究，大致可以摹本、照片、实物的研究为依据分为四个阶段。

第一个阶段是从20世纪40年代中期到50年代中

期。这个阶段主要以蔡季襄在《晚周缯书考证》一书中所刊布的蔡修涣的临写本及其复制本为研究对象。由于这个摹本所临的帛书文字不及原文之半,且多残辞断句,加之图像很不准确,因此蔡氏本人据之所作的考证也就多有误释和主观臆测。当时从事楚帛书研究的如陈槃、饶宗颐、董作宾等诸位先生,都只能依据这个临本所派生出来的再摹本对帛书的文字和内容进行一些考释,虽也有一些创见,但毕竟只是对楚帛书一些个别问题的探索。

20世纪50年代中期至60年代中期,是楚帛书研究的第二阶段。这个时期主要是以弗利亚美术馆的全色照片及其摹本为研究对象。最早利用这一照片进行研究的是日本学者梅原末治。他首次介绍了这张照片。但遗憾的是他只刊示了这张照片的局部摹本,而且未作考释。随之发表这张照片的整个摹本并详加考释的则是饶宗颐先生。他在《长沙出土战国缯书新释》一文中所作的摹本比蔡氏本多一百多字,而文中对"祝融"、"四海"、"青阳"的考证,亦多为学者所称引。之后,又有学者参照饶氏提供的摹本,首次发现了四边文字中的十二神名与《尔雅·释天》十二月名相关,从而指明帛书四周的图像象征十二月神,而其图像一侧所附的文字乃是注明其神名及职司和该月宜忌的内容。这一发现,后经饶先生的推衍而成为学术界的定论。

这个时期的论著还有陈梦家的《战国楚帛书考》,安志敏、陈公柔的《长沙战国缯书及其有关问题》,商承祚的《战国楚帛书述略》以及日本学者林巳奈夫的

《长沙出土楚帛书考》等，这些论著的发表，使楚帛书的研究进入了一个全新的时期。除确证了十二神即十二月神之外，对于帛书中有关神话人物的考证，如对炎帝、帝俊、祝融的考证，则进一步说明了帛书所具有的楚文化系统的神话特色。

第三阶段是从20世纪60年代中期至80年代末，由于红外线照片的提供，为研究的全面展开和深入进行提供了前所未有的便利和可能。如饶宗颐的《楚缯书疏证》一文，所用照片乃是据大都会博物馆的红外线照片，并参校放大12倍的最佳影本。在此基础上，本着"正其句读，明其训故"的目的，对帛书进行了全面论述和逐字逐句的疏释，其中"精思卓识"之处比比皆是。例如论"螽"为古之熊字，论"绖絀"之为赢缩，"天楷"之为天楷，证三首神为祝融等，都是为学术界所称许的见解。再如巴纳博士1973年出版的《楚帛书译注》一书中，所刊出的红外线照片和多种图表，对帛书新照片资料的提供和传布也作出了突出的贡献。在国内学者的著述中，较系统、全面地整理研究楚帛书的要数李零的《长沙子弹库战国楚帛书研究》一书。该书共分楚帛书研究概况；楚帛书的结构、内容与性质；释文考证等三大部分，其中第三部分充分吸收近年来楚文字研究的成果，对帛书文字的释读提出了许多新解，而书后所附的帛书字表及有关资料，亦极便于观览。该书出版后，他因曾有机会目验帛书，又发表了《〈长沙子弹库战国楚帛书研究〉补正》一文，对该书进行了四个方面的补充和修正，其中从术数的源流论证楚帛书是一部历忌性质的术数类古书的见解已渐渐成为学术界的共识。

第四阶段是从20世纪90年代初至现在。这个时期的主要特点是对帛书结构的重新认识和对所谓第二帛书的探讨。此外，将帛书的研究与学术史和文献学的研究结合起来，也是这个时期开始出现的一个新趋向。关于帛书结构的重新认识我们将作专节介绍。至于所谓第二帛书，早在1964年，商承祚先生在其所著的《战国楚帛书述略》一文中，曾言及他所看到和收藏的帛书残片，但因没有发表材料，人们尚不知其到底是什么内容。时至1990年，有的学者根据巴纳博士所作的楚帛书摹本所绘的一块帛书残片，称其为"第二帛书"，并对其内容进行了考证。其实，巴纳博士的摹本，据李零的目验和分析，乃是一种子虚乌有的杜撰，而真正的"第二帛书"应是赛克勒美术馆现存的帛书残片和商承祚先生所收藏的帛书残片。赛克勒美术馆存的残片现正在整理之中，据李零惠示有关幻灯片和面告所知，这些帛书残片至少是有两件，有一件已初步整理了一个轮廓，另一件现在尚不可知，还有待于进一步的细心整理。商承祚先生所藏的帛书残片理应和现存赛克勒美术馆的残片一起出土。这批残片大小共14片，其中朱丝栏的7片，乌丝栏的6片，另有1小片没有丝栏。朱丝栏的7片可能属于同一帛书，乌丝栏的6片残帛则可能属于另一帛书。这两件帛书都是占书，与那完整的楚帛书一样，都属于术数一类。由此可知，到目前为止，我们所知道的楚帛书至少应有 3 件，至于其最后结果如何，尚待更进一步的研讨。

（2）对楚帛书结构的认识

楚帛书虽然尺寸并不太大，但其结构却很特殊，它共由两组图像和三部分文字组成。由于中间的两篇文字书写的顺序正好相反，而周边的文字图像又循环周转地排列，因此怎样置图和按怎样的顺序读解帛书，是一个很难处理的问题。几十年来，许多学者殚精竭虑，对这个难题进行了不同角度的阐述，概括起来，主要有两种意见：

第一，以中间那篇 8 行文字为首，按 8 行、13 行、边文顺序读帛书。

第二，以中间那篇 13 行文字为首，按 13 行、8 行、边文顺序读帛书。

应该说，这两种意见的提出，都有很多可以成立的理由，因此，很长一段时期内，谁也说服不了谁，特别是随着研究的不断深入，使有些学者相次改变过自己的意见。如有的学者最初由于辨识了帛书中同于《尔雅》的月名，因此其释文先从边文开始，然后顺接 13 行和 8 行两篇。后又根据马王堆帛书中有好几幅图都"以南为上"的楚地制图传统，重新确定楚帛书的放置方向应是"以南为上"，因此，帛书的读法应以 8 行一篇为正，然后顺接 13 行和边文。这种意见，后来得到了其他学者的赞同，并作了详细阐述。其理由主要有三点：

第一，8 行以"曰故"二字发端，如《尚书·尧典·皋陶谟》"曰若稽古"，自当列首。

第二，13行所论为王者失德则月有经纰，故作倒书，表示失德，无理由刊于首位。

第三，帛书以代表夏五月之神像为三首神祝融，当正南之位，是为楚先祖，故得以南为上。此外，从内容结构上看，8行篇是辨四时之序，13行篇是志天象之变，边文是辨每月之吉凶，因此，8行篇是道其常，而13行篇是言其变，故前者顺写而后者倒书，所以昭其顺逆。

第一种意见似乎在内证和旁证方面都有坚实的理由。但是，持第二种意见的李零先生在继他于1988年提出的必须把"上南下北"说和"上北下南"说统一起来的意见之后，又从对帛书的经纬线的考察和帛幅的大小尺寸的测量中发现，楚帛书乃是一件幅宽47厘米、横长38.7厘米左右的帛书。这种幅宽尺寸，正可跟马王堆帛书的尺寸相印证（见《楚帛书的再认识》一文）。至此，他基本复原了帛书摆放的本来方向和原作者的书写顺序，有力地支持了他一向主张的第二种意见。

由此可见，对楚帛书结构的认识，虽然现在仍没有定说，但其研究已经相当深入了，特别是从帛书的本身形制上考察和说明问题，比单从帛书的内容上去找证据又更进了一层。

（3）楚帛书图像的探讨

帛书上的图像可分为两组，一组是位于四隅的4种不同颜色的树木，另一组则是分居四方的十二神像。

对四木的认识，蔡季襄最早认为："盖借以指示所祀神之居勾方位，祭祀时使各有所凭依也。"后来有的学者对此提出异议，认为四木并不是指示祀神的方位，而是代表四方。也有学者认为："四木绘于四隅者，疑配合天文上的四维观念。"还有的学者认为："在帛书四隅还有四处植物枝叶的图像，东北隅的青色，东南隅的红色，西南隅的白色，西北隅的黑色。这显然与五行方位直接有关，《四时》篇中提到'青木、赤木、黄木、白木、黑木'，也可能与此相应。至于和文献中五木改火之说是否有关，还值得考虑。"

对十二神像的探讨，虽然不少学者已做了不少的工作，但仍未能构成一个系统的结论。曾宪通先生曾将学术界比较一致的看法归纳为如下三点：

一、十二神像由其旁注首字与《尔雅》月名相同，可确定它们为十二月的月神。

二、每个图像之旁所注三字，由"秉司春"、"虞司夏"、"玄司秋"、"荃司冬"可推知其含义应该是指该月月神之职司。

三、图像、职司及月事宜忌，三者存在一定的关系。

这种归纳，当然比较客观，但还有一些学者的富有启示的研究成果，我们有必要在这里再提示一下。例如日本学者林巳奈夫在《长沙出土战国帛书十二神考》一文中就对帛书十二月神的名目，作了一种全新的假设，他认为帛书的十二月名起源于楚国的巫名，每一个巫名代表着一个巫师集团。由于这个巫师集团职司某月，便把这个集团的名称作为该月的月名。林氏的这个假设虽然缺乏文献上的支持，但已足可使人们开拓思路和视野。又如李学勤先生在《再论帛书十二神》一文中指出："从《月忌》有十二神来看，与'六壬'有相近之处，帛书上的十二神和六壬的十二神虽然名号不同，它们的位置和意义却彼此相似。"尽管这种推论还有待于证明，但也为这十二图像的系统研究提供了一条很值得探讨的路子。

对十二神的考释，还值得一提的是最近发表的《中国最早的物候历月名》(《中华文史论丛》第五十三辑)一文。该文以相当大的篇幅，从文献、文字训诂等方面详细考证了十二神名的名义内涵，虽然文中抑或有勉强附会之嫌，但其中确有精思卓识之处。如考帛书"秉司春"的"秉"读如"炳"，然后从文献训诂中考出"秉"即司东之神的"句芒"，《山海经·海外东经》："东方句芒，鸟身人面，乘两龙。"郭璞注："木神也，方面素服。""方面"即头为方形，正与帛书该月的神祇图像的"方首"相吻合。因此，帛书三月月名"秉"，其实就是"句芒"之神"芒"的借字，而该月神祇图描绘的就是句芒的神像。"秉"在帛书中即是"司春"之神，又是三月的代月名。这种颇具功力的考释意见，不管其确解的程度如何，都将对彻底解开帛书十二神像之谜大有裨益。

帛书《周易》研究

马王堆帛书《周易》有经、传两部分，经文除个别字残损外，六十四卦的卦象、卦辞、爻辞完整无缺。与通行本比较，卦序和许多卦、爻辞大不相同。传则包括《二三子问》、《系辞》、《易之义》、《要》、《缪和》、《昭力》等6篇，其中除《系辞》篇与通行本大致相同外，其他几篇都是早已佚失了的另本《易传》。

帛书《周易》抄在两块幅宽48厘米的整幅帛上，由于长年浸泡的结果，出土后，都已因其折叠的痕迹分割成了数十片高约24厘米、宽约10厘米的长方形帛片。由于整理的困难和种种原因，这份珍贵的文献资料，除《六十四卦》外，《易传》部分迟至最近才陆续发表其释文。至于全部图版和原马王堆帛书整理小组整理的版本，至今也没有刊行，因此，对帛书《周易》的研究也因材料刊发的限制而大致可分为两个阶段。

第一个阶段是从1973年至1992年初。这个时期主要是以对帛书《周易》的整理为主。最早撰写的研究论文是于豪亮先生在1976年撰写的《帛书·周易》一文，但当时没有公布。随后，饶宗颐先生根据部分图版照片发表了《略论马王堆〈易经〉写本》一文。1984年，《文物》杂志又刊发了马王堆帛书整理小组的《马王堆帛书〈六十四卦〉释文》，同时又刊发了张政烺先生的《帛书〈六十四卦〉跋》和于豪亮先生的《帛书〈周易〉》两篇论文。而后，又有几位学者相继撰文，对帛书六十四卦的文字校释、卦序卦位及成书年代等多方面展开了讨论。同时，韩仲民、李学勤先生根据已知材料，对帛书《易传》，特别是对《系辞》作了一些介绍性的研究。

这一阶段的研究成果主要表现在如下4个方面。

（1）对帛书《六十四卦》进行了详密的校释工作

1984年刊发的《帛书〈周易〉》一文，已对帛书《六十四卦》同通行各本卦辞、爻辞的不同之处分别进行了讨论。该文指出了帛书卦辞、爻辞优于今天所见各本的地方。如帛书明夷初九"明夷于蜚，垂其左翼，君子于行，三日不食"，各本均无"左"字，当以帛书为优。因为有了"左"字不仅语句整齐，而且也同《诗·鸳鸯》"鸳鸯在梁、戢其左翼"语句相似。此外，该文还列举了帛书与各本的不同及文义均可通者和帛书不如通行本的例子，大都持论公允。

对帛书《周易》进行详密校勘的则是王辉先生的《马王堆帛书〈六十四卦〉校读札记》一文。该文详尽地论证了帛书胜过今本之处：①今本有误字。如今本归妹卦六五将"既望"误成了"几望"就是其例。②今本有佚文。如帛书既济卦九五"东邻杀牛以祭，不若西邻之禴祭，实受其福"，今本佚"以祭"二字。③今本有衍文。如帛书既济卦六四"襦有衣茹，冬日戒"，今本则作"繻有衣袽，终日戒"，是在"如"字上衍一"衣"字，合书而变成了"袽"字。④帛书可以解决争论不清的问题。如帛书少蓺卦上九"既雨既处，尚得载，女贞厉"，今本"得"作"德"，王弼注："体巽处上，刚不敢犯，尚德者也。"将"得"字解为道德之德。今人李镜池先生曾以为今本中的"德"字是"得"的假借字，但缺少力证。今帛书作"得"，可见李先生的推论是正确的。⑤帛书用本字而今本用借字。如帛书余卦九四"勿疑,偕甲谗","谗"今本作"簪"。高亨先生曾指出:簪借为谗。现帛书正是"谗"字,可知帛书用本字,今本则是用的借字。

该文在充分肯定帛书本的优胜之处后,亦列举了帛书本不如今本的地方,诸如帛书有佚文、衍文、误字、多假借字等等,多言之凿凿,信而有据。

对帛书《周易》进行系统全面校释的则是邓球柏先生的《帛书周易校释》一书。该书在前言中曾全面统计了帛书中的卦名、卦辞、爻辞与通行本的异同,指出:卦名与通行本同者29,异者35,卦辞中与通行本不同的字有81个,而爻辞中不同者竟有771个。同时,还详细列表,以供检索,用力甚勤。全书以对比的方式,将帛书与今本一一对应列出,然后用义理考据的方法,对帛书进行诠释,颇有可取之处。例如帛书键卦九三爻辞,《文物》杂志所发表的释文是"君子终日键键,夕泥(惕)若厉,无咎"。该书参照于豪亮先生文中提及《周易》卷后古佚书中的"夕沂若厉,无咎",而改定为"君子终日键键,夕沂若,厉,无咎"。原来帛书键卦九三爻辞中,"沂"字稍残,故释文误释作"泥",该书推定"泥"应该是"沂"字的误释。现在细勘原物,这一推断是完全正确的。

该书可取之处很多,但由于作者可能没有直接观摩原物的机会,仅据《文物》杂志所发的释文作注释,故难免有空费心力之处。例如帛书同人卦九五,释文是"同人，先号桃（咷）后芙"，该书注释说："先号桃后芙；先呼桃后叫草。号，呼也。芙，草名，《说文》：'芙，草也，味苦，江南食以下气。'桃芙均作为祭品。"其实，所谓"芙"字乃是古隶书"笑"字，帛书中凡"笑"字均作此形，因此，在这里将"桃芙"作为祭品是不能成立的。由于该书太注重文字训解的义理考证，忽视了汉代通行用象数解《易》的方法，故其注释虽费力很多而不得确诂。

（2）对帛书《六十四卦》的卦序及特点展开了热烈的讨论

帛书《六十四卦》与通行本的最大不同，乃是六十四卦排列的顺序不同。对此，张政烺先生率先指出：帛书《六十四卦》的排列方法是以上卦为主，从上卦看八卦的次序是乾、艮、坎、震、坤、兑、离、巽，其中乾、艮、坎、震是四个阳卦，坤、兑、离、巽是四个阴卦，阳卦阴卦两相配，则成为乾、坤、艮、兑、坎、离、震、巽，这也就组成了帛书的下卦，上卦的每一卦再分别与下卦的八卦组合，就构成了六十四卦。

这种排列方法以什么为依据呢？于豪亮先生曾指出：帛书《系辞》中有这样四句话："天地定立（位），[山泽通气]，火水相射，雷风相榑（薄）。"如果把"火水"改为通行本中的"水火"，再根据乾为天、坤为地、艮为山、兑为泽、坎为水、离为火、震为雷、巽为风的说法，就可以理出帛书八卦的上卦和下卦的排列次序。

对这种卦序的认识，引发了各种不同的解释。如刘大钧先生在《帛〈易〉初探》一文中认为：帛书这种特殊的八卦排列顺序及以上卦为主的重卦法，很可能由《归藏》系统演化而来。他在论证了帛书《六十四卦》和京氏《易》的关系后还指出：相传为京氏所作的"纳甲"之八卦排列顺序和帛书八卦完全相同，而后人据京氏《易》说而作的京房卦变八宫卦次图中的特殊卦变方式和卦次排列，乃是在帛书《六十四卦》卦次排列的基础上演变出来的，这也证明帛书《六十四卦》在汉初并不是一种上有所承而下无所传的孤本。

周立升先生则在《帛〈易〉六十四卦刍议》一文中指出：帛书卦序排列所依据的原则是"阳大阴小，阳先阴后"。这种排列次序与今本相较有明显的长处，一是有一定的规律可循，二是有自己的排列原则，三是有自己的衍生关系。此外，该文还认为帛书《六十四卦》为我们揭开了重卦的谜底，原来八经卦作为上卦，按阳先阴后排列的原则排列，而下卦则以对立统一为原则排列，这样下卦和上卦所组合出的六十四卦，正体现了它们之间的对立统一关系。

李学勤先生则在《马王堆帛书〈周易〉的卦序卦位》一文中进一步综合归纳了帛书卦序的几大特点：第一，帛书《周易》的经传是互相结合，密不可分的。第二，帛书卦序已经包含了八卦取象的观念。第三，帛书卦序充分贯穿了阴阳对立交错的观念。该文还指出：帛书本的卦序蕴含着阴阳学的哲理，在体现阴阳规律这一点上，帛书本显然胜于传世本。

韩仲民先生则从帛书《六十四卦》与通行本的异

同分析中提出了通行本的六十四卦并非由八卦重叠而成的观点。其根据是安阳四盘磨、岐山凤雏村出土的甲骨上刻有六个数目字一组的符号及先秦文献资料中没有关于重卦的记载，只是在解释卦象时才有上、下之分，认为通行本的六十四卦主要是用"复"的方式和"变"的方法组成的，故以为八卦重卦而成六十四卦乃是汉代人的说法。这种见解，显然拓展和深化了对帛书卦序的研究和认识。

霍斐然先生将朱熹《周易本义》说卦传第三章与帛书《周易》相比较，认为帛书《周易》的卦序是按卦象的升降为标准排列的，文中特别论证了通行本《易传》中的"水火不相射"和帛书本"火水相射"异同的原因，并根据卦象升降的实例分析，揭示了帛书中"水火"易位的奥秘。

蒯超英、夏一方先生则认为六十四卦的卦象组合，体现了万物（信息世界）的系统性。并且认为帛书六十四卦的排列，实际上是一张用二进制数来表示的而且有实际意义的幻方。应该说，这是帛书《六十四卦》研究中所见不多的一篇用自然科学方法进行研究的文章，是易学研究领域中以薛学潜为代表的科学易派研究方法的一种体现。

（3）对帛书《六十四卦》的成书年代、抄写时代的研讨

张政烺先生最先指出：汉唐石经和通行本的卦序一样，是旧本如此，而帛书本则是经人改动的。他认为这种改动是一般文化程度不高的筮人，为了实用，

按照当时通行的八卦次序机械地编造出的一种呆板的形式，没有吻合《易》学的一些微言奥义。言下之意，帛书《六十四卦》是汉初筮人改编而成的。

于豪亮先生则持完全不同的观点，认为帛书的卦序排列有规律可循，不像通行本那样需要《序卦传》来说明，因此，帛书《周易》可能是较早的本子。

刘大钧先生支持这种观点，认为今本的六十四卦当初可能是以帛本八卦相重之法组成，只是在"二二相耦，非复即变"的原则下，多数卦又重新作了排列。故认为帛书本应是较早的本子。

李学勤先生则支持前一种观点，认为帛书卦序不会早于传世本，它是学者出于对规律性的爱好改编经文的结果。这也就是说，帛书本并不是"较早的本子"，并且还指出：帛书本的卦序蕴含着阴阳学的哲理，在体现阴阳规律这一点上，帛书本显然胜于传世本。

饶宗颐先生则根据帛书本的古文和"无咎"二字未脱来推断，认为帛书本应同于中秘所藏的《易经》写本，并从对帛书的卦序和通行本及《韩诗外传》中所说的卦序所作的比较中得出结论：帛书本《周易》不是燕人传本，而是馯臂（子弓）、陆贾、矫疵（子庸）等楚人所传的《易经》写本。这样，既推论了帛书《六十四卦》的作者，又间接地说明了帛书本应是战国时期的"较早的本子"。

对帛书的成书年代虽有争议而一时难以论定，但对帛书的抄写年代的认识则基本一致，有的认为它写于文帝初年,约当公元前180年至公元前170年,也有的认为它适当贾谊时代。我们从帛书《刑德》甲、乙篇中的干支表上和《五星占》中所记的年号可知,帛书《六十四卦》抄本的确切年代应在孝惠元年(公元前194年)至汉文帝十二年(公元前168年)之间。

(4) 对帛书《系辞》的介绍

最早对帛书《系辞》进行具体介绍的是于豪亮先生,他说:"帛书《系辞》字数较通行本《系辞》为多,分为上下两篇,篇首顶端以黑色方块为记。上篇包括:通行本《系辞上》的第一、二、三、四、五、六、七、九、十、十一、十二章;《系辞下》的第一、二、三章;第四章的第一、二、三、四、七节;第七章的后面数句('若夫杂物撰德'以下数句);第九章。下篇包括:通行本《系辞》所无的部分,约2100字;通行本《说卦》的前三节;通行本《系辞下》的第五、六章,第七章的前面部分('若夫杂物撰德'以前部分)和第八章。帛书《系辞》共约6700余字。"

由于帛书《系辞》的图版和释文迟迟没有发表,故后来大多数研究介绍帛书《系辞》者,多采用于先生的分析,只有韩仲民先生对此有不同的看法。他说:"帛书《系辞》与卷后几篇佚书一起,用墨书写在一幅高约48厘米的帛上,折叠存放,出土时已经断裂为若干长约24厘米宽约10厘米的残片。拼接后,《系辞》部分首尾基本完整。正文前面有一行空白,相当于简册中的赘简。第一行顶端有墨丁,是篇首的标志,全文共46行，存约3000字。紧接在后的第47行，顶端也涂有墨丁，以'子曰：易之义'开始，显系另一篇佚书。文中以圆点隔开为若干章节，其中有部分章节见于今本《系辞》下篇，有部分章节见于今本《说卦》，因此，这篇佚书曾被认为是《系辞》下篇。"

这两种不同的认识对于大多数无法见到帛书原物的学者来说，是很难判断其是非的，只有当《系辞》的图版和释文在1992年刊布后，才在学术界引起热烈的讨论，其讨论情况我们将在下一节中介绍。

对帛书《系辞》及没有公布的《易传》开展前期研究的主要是李学勤先生，他相继撰写了《帛书〈系辞〉略论》（载《齐鲁学刊》1989年第4期）、《从帛书〈易传〉看孔子与〈易〉》（载《中原文物》1989年第2期）、《〈易传〉与〈子思子〉》、《帛书〈周易〉与荀子一系〈易〉学》（具载《中国文化》1989年创刊号）等一系列文章，对帛书《易传》与孔子，与《子思子》，与荀子一系易学的关系分别进行了尝试性的研究，开帛书《易传》研究的先河。同时，他认为帛书《系辞》的著作年代不会晚于《乐记》，也就是不迟于战国中期，而帛书《系辞》很可能是楚人所传，这和帛书在长沙发现，正相符合。

第二个阶段是从1992年5月至现在。这个阶段是以湖南出版社出版傅举有、陈松长编著的《马王堆汉墓文物》一书为契机，在学术界掀起了帛书《易传》研究的新高潮。

《马王堆汉墓文物》一书中刊发了帛书《周易》

经文和《系辞》的照片图版和释文，随后，于1993年，在《道家文化研究》第三辑《马王堆帛书专号》上又刊发了张政烺先生的《帛书〈系辞〉校读》和经过重订的《系辞》的释文以及《二三子问》、《易之义》、《要》的释文；同时，在1992年相继推出了李学勤先生的《周易经传溯源》（长春出版社，1992），韩仲民先生的《帛易说略》（北京师范大学出版社，1992），张立文先生的《帛书周易注释》（中州古籍出版社，1992），陈鼓应先生的《易传与道家思想》（台湾商务印书馆，1994）等4部专著。而后，不同形式的研究论文更是大量涌现，仅上述《马王堆帛书专号》上，就收有研究帛书《系辞》的论文十七八篇，可谓极一时之盛。

综观这些学术论著，对《易传》的研究和讨论，大致集中在如下几个方面。

第一，对帛书《易传》的内容结构的整理和讨论。

对帛书《易传》结构的认识，早在1984年，于豪亮先生曾把帛书《周易》划分为3部分。第一部分是他所称的《六十四卦》，第二部分是《六十四卦》卷后佚书，分为5篇，前2篇呈现在所定名的《二三子问》，后3篇是《要》、《缪和》、《昭力》；第三部分是《系辞》，分上下两篇。这就是说，他认为帛书《周易》包括两件帛书，而《易传》有5种7篇。这种分析，在学术界流传很广。1992年，韩仲民先生在《帛易说略》一书中对此提出了不同的看法。他认为帛书确是两件，但构成不同，第一件帛书是《六十四卦》

和《二三子问》，但后者只是1篇；第二件帛书是《系辞》与卷后几篇佚书，包括现在定名为《易之义》和《要》、《缪和》、《昭力》等，这样，他认为《易传》应是6种6篇。其与于说最大的不同是将其所谓《系辞》的下篇单独分开，另作一篇处理。这种处理曾得到有的学者的支持，径称其名为《易之义》篇。笔者在编选《马王堆汉墓文物》一书的《系辞》图版时，曾认真比较两家的说法，后依据帛书多以墨丁为记区分篇章的惯例，同时从帛书《系辞》首尾连贯，与今本《系辞》基本可以对应的内容分析，最终采用了韩氏的观点，只刊发了46行，3000余字，同时，在该书所附的《综述》一文中，亦采用了韩氏的意见，将《二三子问》视为一篇（关于《二三子问》的定名实际最早见于张政烺先生1984年所发表的《帛书〈六十四卦〉跋》），将《易传》共分为《二三子问》、《系辞》、《子曰》（即现在定名的《易之义》）、《要》、《缪和》、《昭力》，共6种6篇。

后来李学勤先生在1994年第一期《文物》上发表了题为《帛书〈周易〉的几点研究》一文，对上述观点进行了综合评述。认为：按先秦到汉初的书籍常有篇分上下的情形。《二三子问》第16行之末既有空白，看来仍以在此划分上下为好。而关于《易之义》的命名，系取其首句中语，是妥当的。因此，他将《易传》分为《二三子问》上下篇、《系辞》、《易之义》、《要》、《缪和》、《昭力》共6种7篇。

对《易传》结构的讨论大致如此。关于《二三子问》是否分上下篇的不同意见实际上已没多大本质的区别，只是一种称其为篇还是称其为章的不同处理而已。至于对《易传》内容的整体把握，《帛书〈周易〉的几点研究》一文，作了如下的归纳：

> 传文并非作于一时一手。这在多篇辞语和体例上都有好多证据，如《二三子问》述及孔子时称"孔子"，《系辞》和《易之义》称"子"，《要》则称之为"夫子"。还有六十四卦之名，各篇多用通假字，又各有差异，例如《讼》卦，帛书经文作"讼"，《易之义》作"容"；《诟》卦，经文作"狗"，《易之义》作"垢"；《艮》卦，经文作"根"，而《易之义》作"谨"。这种种，都说明其来源不一。

> 虽然如此，帛书《周易》经传的编排还是经过精心考虑的。经文在最前面，随后《二三子问》到《要》均系孔子说《易》之语。《二三子问》分说经文，列于传文诸篇之首。《系辞》、《易之义》通论大义，排在其次。《要》篇于论说外又有记事、续于后面。最后的《缪和》、《昭力》，乃是传《易》经师的言论。因此，帛书《周易》是一部有自己体系的完整书籍。

第二，关于帛书《易传》成书年代的研究。

帛书《易传》由于还有《缪和》、《昭力》两篇没有发表，所以讨论其成书年代都集中在对已发的《系辞》、《二三子问》、《易之义》和《要》4篇；李学勤先生在《帛书〈易传〉及〈系辞〉的年代》一文中指出：

"《汉志》所云《易传》，是指十翼之外，传《易》经师所撰传注，'如《易传》周氏二篇、服氏二篇、杨氏二篇、蔡公二篇、韩氏二篇、王氏二篇、丁氏八篇'等，分别为周王孙、服光、杨何、蔡公、韩婴、王同、丁宽等人所著，帛书《二三子问》以下诸篇，性质与之相近。《二三子问》和《要》大部分篇幅是孔子和他的门徒们讨论卦、爻辞含义的问答记录。《二三子问》为孔子答其弟子，未记问者之名；《要》篇则有记问者名的，如子贡问，孔子答。观其体例，两者撰人辈分不会早于七十子弟子。《缪和》、《昭力》的内容，是称为'先生'的传《易》经师和其门人的问答，年代应该更晚。

按《史记·仲尼弟子列传》记有传《易》的统系，可图示为：

孔子——商瞿——馯臂——矫疵——周竖——光羽——田何

据此，馯臂（子弓）乃七十子弟子，其年代当在战国早中期之间，矫疵、周竖约当战国中期，光羽、田何约当战国晚期以至汉初。以此作为标尺，《二三子问》和《要》的形成估计相当馯臂、矫疵之世，而《缪和》、《昭力》就要迟到战国晚期。"

对《系辞》和《易之义》的年代，该文没有明说，只是强调了这两篇之间的关系值得探索。它们是

《周易》在楚地的一种传本。言之下意,这两篇也应是战国时代成书的。

陈鼓应先生则在《〈二三子问〉、〈易之义〉、〈要〉的撰作年代以及其黄老思想》一文中,对此提出了不同的意见,认为:

> 关于这三篇帛书的撰写年代,通过一系列证据,我推测它们分别撰写于秦初和秦末汉初,也即写于帛书《系传》之后,今本《系辞》之前,它们在帛书《系传》和今本《系辞》之间起着纽带的作用,它们是《易》学大融合的产物。

该文所说的一系列证据,主要是从帛书本身寻找出来的内证。例如《要》篇中有"《尚书》多于(阙)矣,《周易》未失"一句话。该本指出:"这两句话所反映的,当是秦火之事。""秦火之后,《尚书》等五经基本上都断绝亡佚了,只有《周易》保存了下来,此为《要》篇撰作于秦末汉初之显证。"细读上述这些取自帛书本身的证据,对帛书《易传》成书年代的断定,确是大有益处。尽管帛书《易传》的成书年代目前学术界尚无定论,但随着研讨的进一步深入,其年代的最终考定是指日可待的。

第三,关于帛书《易传》学派性质的讨论。

对帛书《易传》学派性质的讨论,主要是围绕帛书《系辞》的学派性质问题展开的,有的学者认为帛书《系辞》是现存最早的道家传本;认为《二三子问》、《易之义》、《要》等篇是秦汉之际《易》学大融合的产物,其思想方法、观照角度、思辨模式等方面都与黄老道家有着息息相通之处。

有的学者的意见与上述观点截然不同。认为:《易传》应是儒家学派。其实,帛书《易传》作为黄老思想盛行时代的抄本,其本身兼有各学派的思想内涵,这是不足为怪的。故认为帛书《易传》是《易》学大融合的产物,这无疑是比较客观公允的意见。

3 帛书《老子》研究

帛书《老子》甲、乙本,是迄今所见两个最早的古抄本,也是公布得最早,影响广泛的两件帛书。

帛书《老子》的释文最早刊于1974年11月的《文物》,同时发表了高亨和池曦朝合撰的《试谈马王堆汉墓中的帛书〈老子〉》一文,紧接着,文物出版社在同年又出版了线装本《马王堆汉墓帛书》一书,该书除《老子》甲、乙本外,亦包括了《老子》甲、乙本前后的古佚书,全书均附有简要的注释。随后,文物出版社又于1976年3月出版了马王堆汉墓帛书《老子》一书。此外,上海人民出版社亦在1977年4月出版了帛书《老子注释》;日本东京堂出版社于同年亦出版了《马王堆帛书老子甲、乙本》。台北河洛出版社也于1976年出版了《马王堆帛书老子试探》一书。1980年3月,文物出版社又出版了精装本《马王堆汉墓帛书(壹)》,全书有图版、释文和注释,是堪称最佳的定本。可以说，马王堆出土的帛书中，《老子》甲、乙本是版本最多，公布最早，研究成果最多的帛书之一。

对于帛书《老子》甲、乙本的研究成果，早在1979年，郑良树先生在《论帛书本〈老子〉》一文中，曾就他所获得的资料，作过如下归纳介绍：

（1）1974年，高亨、池曦朝发表的《试谈马王堆汉墓中的帛书〈老子〉》一文，举出了6个例子，说明帛书可以订正今本章次及文字上的错误，证明帛书《老子》的出土，对于阅读《老子》及研究《老子》具有非常重大的意义。

（2）1976年，邱锡昉发表了《〈老子〉在战国时可能只有一种道家传本》一文，对高亨、池曦朝认为《老子》传本在战国时期可能有道家传本和法家传本两个本子的说法提出了异议。

（3）1978年，周采泉发表了《马王堆汉墓帛书〈老子〉甲本为秦楚间写本说》一文，他根据帛书《老子》甲本虚字的用法、避讳的情形以及字形的结构，考订此本是"秦楚之际，流行于江汉之间传写本"。

（4）同一年，张松如发表了《老子校读·（一）、（二）》，该文利用帛书《老子》的资料，对《老子》重新加以校勘，同时还将经文译成白话，并逐章加以分析和评介，遗憾的是张氏只发表了前5章，其他76章，未再刊发。

（5）在台湾，1977年邱德修在《中华文化复兴月刊》上发表了《楚帛书〈老子〉德先道后问题蠡测》

一文，对帛书《老子》上下二经与今本不同次第的问题提出了自己的见解。

（6）1975年，徐复观在香港《明报月刊》上发表了《帛书〈老子〉所反映出的若干问题》一文，提出了一些新的见解。

（7）1975年，日本波多野太郎在《朝日新闻》上发表了《读马王堆出土的〈老子〉》一文。

（8）在欧洲，1977年，在《通报》上发表了夏威夷大学冉云华的《道家帛书》一文，讨论了帛书《老子》在校读今本《老子》方面的价值和贡献。

上述所归纳的研究成果大概截止于1978年。现就笔者涉猎所及，略作补充如下：

1978年，高明在《文物资料丛刊》上发表了《帛书〈老子〉甲乙本与今本〈老子〉勘校札记》一文。这是一篇用力甚勤、勘校极为严谨的长篇札记。作者在文中选用了河上公本、王弼本、傅奕本等15种校本和敦煌六朝及唐人写本残卷，与帛书进行对勘，共勘正今本讹误30处，强有力地证明了帛书《老子》作为两个最早的古抄本的价值和意义。

1979年，刘毓璜在《历史学》上发表了《论老子其人和〈老子〉其书》的长篇论文，该文虽针对当时《老子》研究的一些意见而发，但仍较好地论证了帛书《老子》较多地保存《老子》原貌的优点和长处，充分肯定了用帛书《老子》校订今本的价值和意义。

1985年，赵锡元在《吉林大学社会科学学报》上发表了《读〈老子〉札记》一文，其中"读帛书本偶得"一节详细地讨论了今本《老子》第十四章与帛书《老子》甲本的不同,认为帛书本还原了《老子》的本来面目,揭开了近两千年来解释不清,以致越说越玄的谜底。

同一年,陈广忠在《复旦学报》上发表了《帛书〈老子〉的用韵问题》。这是一篇不可多得的纯从音韵学角度研究帛书《老子》的论文。

1987年,尹振环在《复旦学报》上发表了《从帛书〈老子〉看〈老子〉的原结构布局》一文,具体地讨论了帛书《老子》分章的情况,追溯了《老子》的分章史略,然后论证了《老子》的本来结构就是德上道下,只是到唐玄宗时,才彻底、正式地将德上道下的结构颠倒过来。

此外,郑良树还在《古文字研究》上发表了《从帛书〈老子〉论严遵〈道德指归〉之真伪》一文。这是一篇利用帛书《老子》考证他书真伪的长篇论文。该文从严本的句子省略、实义单字的用法、句子、词汇及虚字实字的省略等5个方面例证了严本和帛书相合的现象,从而断定"今传严本,包括《指归》应该都是西汉末年严君平的真著,非后人所能赝记"。

1994年,台湾叶程义发表了《帛书〈老子〉校刘师培〈老子斠补〉疏证》一书。其中专列了"马王堆《帛书老子》概论"一节,对帛书《老子》在校勘训诂上的价值进行了8个方面的举例说明。尽管其所论述的范围并未超出有些学者所作的研究,但该书毕竟以帛书《老子》为依据，旁参其他刻本，第一次对刘师培所著的《老子斠补》一书作了详细的校勘和疏证，作为第一部用帛书《老子》以校勘、疏证他本《老子》的专书，该书自有其特殊的学术价值。

4 帛书《黄帝书》研究

所谓《黄帝书》是指帛书《老子》乙本卷前的4篇古佚书《经法》、《经》、《称》、《道原》的总称，共计11000多字。自其整理问世以来，研究者对它的定名多有歧义，有称其为《黄帝四经》者，亦有称为《黄老帛书》者，至今学术界还没有界定其统一认可的命名，今据刘翔和李学勤先生所称，暂称之为《黄帝书》。

在马王堆帛书中，《黄帝书》可以说是学术界讨论最热烈的一种帛书。早在1986年，刘翔先生就发表《马王堆汉墓帛书〈黄帝书〉研究评述》一文，对自1974年9月该帛书的图版、释文发表以来，学术界的研究成果进行了综合评述。以后，学术界对《黄帝书》的研究兴趣一直很浓，论文、论著相继陆续问世。仅以1992年8月在长沙召开的中国马王堆汉墓国际学术讨论会的研讨论文为例，就有好几篇是专门研究《黄帝书》的定名、成书年代、作者等问题的，由此可见，对《黄帝书》的研究，确是一个经久不衰的热门研究课题。

这一节中，我们主要参考刘翔先生的《评述》，并以笔者所能搜集到的有关资料，对《黄帝书》的研究动态作一综合介绍。

（1）帛书《黄帝书》的整理考释工作

对《黄帝书》的整理、释文、注释工作，主要是由马王堆汉墓帛书整理小组来完成的。通过他们的整理，先后发表了4种版本。即：①《马王堆汉墓帛书（壹）》（文物出版社，1974年9月）线装大字本，2册，有图版、释文和注释。②《长沙马王堆汉墓出土〈老子〉乙本卷前古佚书释文》。（载于《文物》1974年10期）③《马王堆汉墓帛书（壹）》（文物出版社，1975年1月）线装大字本，8册，有图版、释文和注释。④《经法》（文物出版社，1976年5月）单行本，有释文和注释。

此外，国家文物局古文献研究室还编有《马王堆汉墓帛书（壹）》（文物出版社，1980年3月）精装本，有图版、释文和注释。这是迄今为止可称为定本的最佳整理本。

除马王堆帛书整理小组及古文献研究室的版本外，还有几种个别学者的整理版本。如：①唐兰先生的《马王堆出土〈老子〉乙本卷前古佚书的研究》，其附录二是《〈老子〉乙本卷前古佚书释文》。②余明光先生的《黄帝四经与黄老思想》和《黄帝四经今注今译》（岳麓书社，1993），两书都有释文、注释，后者更有中英文对照，很便于初学者翻阅。

对帛书《黄帝书》的文字考释，往往需要集众多学者的仔细探讨和研究；经过多年的讨论，才可能找到其确解。例如《经法》单行本刊行后，就有郭元兴、温公翊等人相继在《文史》和《中国语文》上发表文章，对《经法》单行本的注解进行了数十条订补。堪称定本的1980年3月文物出版社出版的《马王堆汉墓帛书（壹）》精装本的注释，也相继有学者对其个别注释提出了修正。其中特别有趣的是关于《经》篇名的定名问题，更是经过了几次反复。此篇在最初整理的几个版本中，都写成为《十大经》，一直到1980年3月，有的学者才对其进行订正和考释说："六，帛书写作'大'，末笔不连接，与'大'字不同，帛书《周易》古佚书《要》、《缪和》、《昭力》等篇中'六'字皆如此写，今据以写定。过去或误释为'大'，特此更正。又按此书仅存十四篇半，恐系简编错乱或亡佚所致。"

自此说出来以后，对这篇的定名问题，似乎已得到了彻底的解决，许多言及或讨论《黄帝书》的文章或专著，都改称其为《十六经》。但是在1992年，裘锡圭先生在《古代文史研究新探》一书中又提出："细按字形，恐仍当释为《十大经》。"随后，李学勤先生又在1993年发表了《马王堆帛书〈经法·大分〉及其他》一文，对裘锡圭的意见进行了论证。他说：

> 所讨论的标题，在帛书第一四二行上至下。先释"大"改释"六"的字，系三笔，末笔断开，与上述《大分》章二八下的"大"一样，

再看和此字距离不远的一三七上、下有"大"字，除末笔接连外，与此相似，而在一四二下的"六"字残笔，则作四笔。因此，此字仍应释"大"。

该文又分析了这篇帛书到底是章题还是篇题的问题，并提出了一个全新的见解：认为"十大"是篇末十句话的篇名，而"经"则是全篇的总篇名，这样，既解决了篇末一章独缺标题的困难，又解决了该篇章数的疑问。同时，李学勤还从《经法》和《经》篇末的总字数来印证说明《经》本是15章，其现存15行约4200余字，与帛书所记字数相差不远，其篇后应没有缺文，从而彻底否定了"恐系简编错乱亡佚所致"的说法。至此可以说，有关《十六经》或《十大经》所说章数都不能自圆其说的疑问和矛盾总算找到了一个比较合理的解释，而从《十大经》到《十六经》，再到《经》的定名，竟经历了20年的漫长的认识过程，由是可见，出土古文献的考释是何等的艰难。

（2）帛书《黄帝书》的书名、成书年代和作者

最早给帛书《黄帝书》定名的是唐兰先生。他首先提出：帛书《黄帝书》就是《汉书·艺文志》道家类的《黄帝四经》。随后，又在《〈黄帝四经〉初探》和《马王堆出土〈老子〉乙本卷前古佚书的研究》两篇文章中，对他的观点进行了发挥和论证：①从内容上看，《经法》等4篇虽体裁各别，但互为联系，是不可分割的一个整体，而《经》讲的是黄帝的故事，

说明本书是黄帝之言，只有《黄帝四经》才能当之。②这本书抄于汉文帝初期，文帝崇尚黄老，《老子》当时已称为经，不能想象在黄老盛行的时代，所抄《老子》前会冠以别的不相干的书。③《汉书·艺文志》道家类37种，有关黄帝的书共5种：《黄帝四经》4篇，《黄帝铭》6篇，《黄帝君臣》10篇，《杂黄帝》58篇，《力牧》22篇。只有《黄帝四经》称经，而帛书中直接称经的就有2篇，且从篇数来看，与帛书四篇正相符合。④《隋书·经籍志》的道德部中说："汉时诸子道书之流有三十七家……其《黄帝》四篇，《老子》二篇，最得深旨。"帛书4篇与《老子》抄在一起，正是黄老合卷的证明。应该说，这些论证和理由是有道理的，故许多学者都采取其说，特别是余明光先生的《黄帝四经与黄老思想》一书，更为详尽地发挥了这种观点。

对此定名提出异议的主要见于如下几篇文章：钟肇鹏在《黄老帛书的哲学思想》一文中认为：《经》中托为黄帝同力黑、果童等人的问答，显然是"黄帝之学"，而把这"黄帝之学"同《老子》抄在一起，正是黄老合卷的证明。因此，该文称之为《黄老帛书》。这种观点，在1992年召开的马王堆汉墓国际学术讨论会上，得到了陈鼓应的支持。他认为：帛书4篇的内容，从哲学理论来看基本上是从老子出发，以老子思想为基础的，文中虽没有直接引用老子，但从其内容可看出已经融化了《老子》。这种依托黄帝，而又以老子思想为基础的作品，正是汉代人们说的黄老之言,因此,称为《黄老帛书》可能最为恰当。

裘锡圭先生在《马王堆〈老子〉甲乙本卷前后佚书与"道法家"》一文中则认为:《汉书·艺文志》道家著作有《杂黄帝》58篇,原注"六国时贤者所作";又有《力牧》22篇,原注"六国时所作,托之力牧"。帛书《十六经》也依托黄帝及其臣力牧等人,也许就包含在《杂黄帝》、《力牧》所收各篇之中。从内容上看,《十六经》属于"驳杂"的道法家,与《黄帝君臣》和《黄帝四经》似乎不会有关系。

董英哲的《〈经法〉等佚书是田骈的遗著》一文则认为,帛书《黄帝书》是田骈的遗著《田子》25篇,为齐国稷下的黄老学派的著述。该文指出:《汉书·艺文志》有《田子》25篇,亦是道家著作。田骈的学说重"道"、"尚法",与帛书的思想一致,而且帛书的篇数亦正好是25篇。因此,帛书应正是已佚的《田子》25篇。

目前,关于《黄帝书》的书名,学者仍多各执一说,或称为《黄帝四经》,或称为《黄老帛书》,没有一个统一的说法。笔者以为:在没有更有力的证明确定其名之前,为减少歧义和避免不准确的毛病,暂且取名为帛书《黄帝书》较好,故本书且以《黄帝书》称之。

《黄帝书》的成书年代问题,也是一个争论较大的问题,近20年来,学术界大致有如下6种说法:①战国前期之末到中期之初,即公元前4世纪前后。

②战国中期末。主此说者认为《黄帝书》是由齐国稷下学者整理汇编而成的。③战国末期。持此说者认为《黄帝书》应写成于《老子》之后，《韩非子》之前。④战国时期。⑤西汉初年。主此说者认为帛书是汉初黄老思想盛行的产物。⑥战国末期或汉代初期。此说是1980年出版的《马王堆汉墓帛书（壹）》的出版说明中提出来的，代表了整理者的意见。

以上6种意见，虽各有一定的理由，但稍作比较即可发现，还是以第一种意见比较令人信服。如唐兰先生曾指出"本于黄老而主刑名"的申不害，曾作韩昭侯之相，故其所本"黄老之言"至晚在公元前4世纪初已出现。又黄老之言是承《老子》发展而来，《老子》一书可能是杨朱所传，杨朱在孟轲前，墨翟后。因此，帛书《黄帝书》写作年代上限不超过杨朱时代，下限不晚于申不害时代。此外，战国中、晚期的《慎子》、《韩非子》、《管子》、《鹖冠子》、《国语·越语》等作品都大量引用帛书《黄帝书》，由此可证帛书应是公元前4世纪初的作品。

李学勤先生还就《战国策·燕策》中曾引述《黄帝书》的论点这一现象来说明帛书确是公元前4世纪初的作品。

陈鼓应先生则提出了4条很有说服力的理由来证明帛书《黄帝书》的成书年代应在战国中期之前。他说：

第一，从《经·五正》中说"今天下大事"可以判断，此书成于战国时代，而《经法·大分》中多次提到"强国"、"中国"、"小国"，说明该书所反映的社会情形只能是强、中、小三类国家并存的战国中期或以前的景象。第二，用汉语词汇发展的规律对《黄帝书》4篇中有代表性单词的出现频率进行统计考察，说明这4篇写成于战国中期或以前。第三，以《孟子》、《庄子》两书中一些常用而关键的词汇和特殊内涵来分析比较，《黄帝书》应较《孟子》、《庄子》都早一些。第四，与《管子》一书的概念，语句到思想倾向比较，发现《黄帝书》与《管子》多有相似之处，并且有其渊源关系。如《黄帝书》4篇中"因"字大约出现了23次，像"因天地之常"、"圣人因之"等，都无独立抽象的意义，而《管子》则将"因"提升为一个重要概念，如"因也者，虚而待物者也"。这显然比帛书进了一步。因此，《黄帝书》应早于《管子》，至迟也成书于战国中期。

由此可见，将帛书《黄帝书》的成书年代确定在"战国前期之末到战国中期之初，即公元前4世纪前后"，将不会再有太多的异议。

关于《黄帝书》作者的考定，分歧意见并不是太大。唐兰先生最早认为是郑国隐者所作。龙晦先生认为该书的"作者必是楚人"，此说得到了学术界的重视，这位学者还在《马王堆出土〈老子〉乙本前古佚书探原》一文中，首先以《经》、《称》等篇章中使用的楚语、楚谚，来证明作者为楚人。其次将《经》、《称》里的一些语句与《管子》、《国语·越语》、《淮南子》等江淮楚地人的著作相比较来说明作者是楚人。最后从帛书《黄帝书》与《淮南子》的用韵情况来论证《黄帝书》的楚方言特点，从而说明其作者非楚人莫属。

对于这个说法，后来李学勤先生在《新出简帛与楚文化》一文中曾加以补充。该文认为：汉初的长沙原为楚文化中心，马王堆帛书凡能推定作者地望的，大都是楚人的著作，《史记》记载《老子》的作者就是楚苦县人。《黄帝书》中的文字除很多类同于《越语》、《淮南子》以外，还有很多语句与《鹖冠子》相类似。《鹖冠子》见载于《汉书·艺文志》，注称作者系"楚人，居深山，以鹖为冠"，《风俗通义》佚文也说："鹖冠氏，楚贤人，以鹖为冠，因氏焉，鹖冠子著书。"鹖冠子是楚国的道家学者，《鹖冠子》的语言特点与《黄帝书》相类似，亦可说明《黄帝书》的作者是楚地人。

至于《黄帝书》的作者是一人还是多人，一般以为像先秦诸子的作品一样，多非一人一时之作。但有的学者则从《黄帝书》4篇思想的一贯性、整体的一致性和一些特殊概念、语句的复出互见等方面推论，《黄帝书》4篇乃是一人一时之作。

（3）帛书《黄帝书》的学派性质

对帛书《黄帝书》学派性质的研讨，主要是围绕帛书关于"道"和"道生法"的学说，围绕着对帛书中所包含的儒、墨、阴阳、名、法各家思想的认识的不断加深而逐渐展开的。在这方面展开讨论最早的仍是唐兰先生，他在其论文中提出了帛书《黄帝书》属于法家学派的看法，他认为帛书所讲的"道"，应理解为事物的客观规律，而"道生法"的法就是根据事物的客观规律制定的。讲道法，主刑名，实际把"法"放在第一位。贯穿全书的"刑名"说，是法家的主要论点，以法来知曲直，则是法家的方法论。因此，他认为帛书《黄帝书》是运用老子的思想方法来阐明法家思想的一部书。

钟肇鹏先生认为，帛书的思想体系，是属于司马谈所论的"因阴阳之大顺，采儒墨之善，撮名法之要"的道家黄老学派。同时，他根据帛书主张"争"的积极进取思想，崇尚刑名，倾向法家思想，以及哲学上以物质为第一性、名为第二性的唯物主义认识论与《老子》道家思想有实质上的不同，强调了帛书的黄学与《老子》的老学之间的区别。

裘锡圭先生则认为，帛书所反映的是道法为主，兼包阴阳、儒、墨等家的"驳杂的道家思想"体系。帛书属于道家，但不同于老子的道家，而是"道法家"。

李学勤先生在讨论帛书与《鹖冠子》、《越语下》的关系时指出：司马谈论阴阳、儒、墨、法、名5家合于道家的观点，在帛书《经法》中可以找到，这并非偶然，而是由其黄老之学本身特点所决定的。帛书《经·观》"圣人不巧，时反是守"和"当断不断，反受其乱"两句话，都被《史记》所引用，而且是当做"道家之言"来征引的。可见古人观念中的黄老之学，从来属于道家，不能由于其他学派曾接受吸收黄老思想因素而改变黄老学派的属性。为此，他还找了《黄帝书》与若干种明属道家的古书有共通文句来说明《黄帝书》属道家黄老一派当无疑义。例如《老子》、《六韬》、《管子》、《文子》、《鹖冠子》、《淮南子》等书，都是属道家或与道家有关的著作，帛书《黄帝书》中的许多文句与其相通，这确足以说明《黄帝书》的学派性质是道家黄老一派。

上述关于帛书《黄帝书》学派性质的不同意见，综合起来，不外乎有 3 种看法：一是法家说，它着重阐发了帛书中所具有的法家思想，而忽视了帛书中同时具有的道家、儒家、墨家和名家等思想，显然有以偏赅全之嫌。二是"道法家"之说，已有学者指出其明显的不足之处，因为"道"在帛书中是居于支配地位的，"法"由"道"而产生，所以不应把道法并列相称，而且"道法家"的称法也容易产生道、法一家的错觉。三是道家黄老学派的看法。现在看来，这是对帛书学派性质的一种比较客观公允的分析。对此，余明光先生在其《黄帝四经与黄老思想》一书中有着很详尽的阐述。这种观点已逐渐为学术界所普遍认可和使用。

帛书《五行篇》研究

帛书《五行篇》是马王堆汉墓帛书中一篇典型的儒家经典，它抄在《老子》甲本卷后，是《老子》甲本卷后古佚书中最重要的一篇。自其图版和释文发表以后，马上引起了学术界的高度重视。早在 1974 年，韩仲民先生在《长沙马王堆汉墓帛书概述》一文中就已介绍说，该篇"内容是讲儒家'仁、义、礼、智、圣'的'五行'说，文体与《大学》相近，词句中也袭用了《孟子》的话，可见作者是子思、孟轲学派的门徒"。随后，庞朴先生先后发表了《马王堆帛书解开了思孟五行说之谜》、《思孟五行新考》、《帛书五行篇研究》和《〈五行篇〉评述》等论文及专著。可以说，从 1977 年至 1988 年，这些论文及专著对这篇帛书的研究是精思深研，独步一时。关于这方面的研究，还有《帛书五行篇的思想的位置》、《帛书〈五行〉与〈尚书·洪范〉》等文章。但学者们对《五行篇》的研究并没有太多的争议。进入 1990 年代以来，魏启鹏先生于 1991 年出版了《德行校释》一书，全面系统地对《五行篇》进行了校释和研究。日本学者池田知久先生于 1992 年来中国长沙参加马王堆汉墓国际学术讨论会时，提交了《马王堆汉墓帛书〈五行篇〉所见的身心问题》的长篇论文，对《五行篇》的成书年代、学派性质和作者等问题提出了自己的看法。随后，他又在日本出版了专著《马王堆汉墓帛书〈五行篇〉研究》。

围绕帛书《五行篇》的研究，学者们在如下几个方面出现了不同意见：

(1) 关于篇名的讨论

帛书《五行篇》在马王堆帛书整理小组发表的释

文中被定名为《五行》。后来,庞朴先生直称其为《五行篇》。多年来,学术界对此似乎并无异议。时至1991年,魏启鹏先生才提出新的看法,他说:

> 原钞本无篇名,庞朴同志据其主旨,定名为《五行》。案周秦古书有这样两个特点,一是不题撰人,二是其篇名多为后人所题。原钞本无篇名、撰人,也不足为异。王国维曾指出:"诗、书及周秦诸子,大抵以二字名篇,此古代书名之通例。"余嘉锡进一步指出,此二字又往往是摘自首句。现在我们所见的第一种佚书虽有残损,然今存之首句"□□□□胃之德之行",主旨赫然可见,所以,今题篇名为《德行》,即与全篇主旨相合,又不违古籍之通例。

上述意见,确是符合古籍定名通例的一种新的认识。但荆门郭店楚简《五行》的出土,证明这种推论是不成立的。而且《五行篇》的定名更具体地概括了帛书的主要内容,故学术界多沿用这已被认可,而且又被郭店楚简证明无误的名称。

（2）关于学派性质和成书时代的研究

对帛书《五行篇》学派性质的认识,有一点是基本一致的,即《五行篇》属于儒家学派的久已失传的经典文献。但它到底是儒家学派中哪些学者的学说,则有着不同的认识。

庞朴先生认为:帛书《五行篇》是子思、孟子学派的一份重要文献，它以战国后期流行的"经"与"说"的形式，继续思孟学派的心性说，创立自己的知行说，为儒家的内圣之学提供了坚实的哲学基础。同时，《五行篇》发挥了孟子的主张，特别突出了"知"的作用，把修身养性的得道成德，当做认识论的问题来处理，提出了以志成德的主张，表现出使认识论就范于伦理学的典型儒家态度。

魏启鹏先生则认为：帛书《五行篇》是子思氏之儒的作品，它的心性学说与子思子有血缘关系，而又发展了子思、公孙尼子人性生而安静的观点，把世子、公孙尼子"性无善恶"的命题，改为万物之性中唯人心好仁义的命题，从而提出了"心贵慎其独"的理论。

池田知久先生认为，《五行篇》是折中儒家诸学派，特别是折中孟子之流的"天道"和荀子之流的"人道"而写成的文献。

由于对《五行篇》所属学说的认识不同，也就导致了对其成书年代的完全不同的见解。魏启鹏先生认为：《五行篇》不是孟子后学所作，也不宜笼统视为思孟学派之作，大概成书早于孟子，这不仅因为在韩非著书之时，还将子思氏之儒与孟氏之儒分为两大派，更因为从思想发展的进程来分析，《五行篇》与《孟子》比较，两者有前后之分、粗精之别、理论思维低级阶段与高级阶段的不同。因此，《五行篇》是战国前期儒家者流的作品，是与公孙尼子、子思子的人性论、心性观颇为接近的学说（此说现已得到郭店楚简的证实）。

庞朴先生则认为，《五行篇》是思孟学派的余波，它继续思孟学派的心性说，对孟子的心性论作了补充和发挥，创立了自己的知行说，是孟子之后，战国后期思孟学派的著作。

池田知久先生则从《五行篇》的各章中选取了25条例证，然后与《韩诗外传》、《荀子》、《礼记》、《吕氏春秋》和定县40号汉墓竹简，以及贾谊的《新书》等对比分析，认为该篇的成书年代不会早于战国末期、秦代以前，而应是西汉初期的文献，大约在公元前200年至公元前170年间。

上述学者由于对《五行篇》内容的认识相左，因而对其成书时代的断定也差距很大，前后相差200余年。假如他们都能将帛书《五行篇》置于思孟一派儒学发展的轨迹上来考察，较全面地把握帛书的基本思想来阐述其在儒家思想发展史上的位置，而不是偏重于寻章摘句的类比求证，也许会求得相对一致的意见。后来李学勤先生指出：帛书《五行》虽一开始就提到仁、义、礼、智、圣五行，但未必反映出思、孟五行说的全体。他从帛书中寻找出了受子思、曾子、孟子影响的痕迹，指出帛书中融进了曾子、子思、孟子的学说，同时，他还指出《五行篇》所依据的思想资料，是《尚书·洪范》。《洪范》有五行、五事，然而并未明言二者的联系，帛书《五行》则将作为元素的五行与道德范畴的五行结合为一，为术数与儒家的结合开了先河。这无疑给帛书《五行》的研究拓宽了思路及范围。

6 帛书《春秋事语》研究

帛书《春秋事语》的释文是1977年在《文物》杂志上刊出的。随后，在1983年，文物出版社出版了马王堆帛书整理小组的《马王堆汉墓帛书（叁）》，将其图版、释文和注释全部刊发出来，为学者们进行研究提供了极大的方便。

对《春秋事语》率先进行研究的是张政烺先生，随后又有徐仁甫、李学勤、郑良树和骈宇骞等几位学者。他们的论文分别对帛书的定名、性质、成书和抄写年代、史料价值以及帛书与《左传》、《管子》的关系等方面进行了讨论和研究。

关于定名，张政烺在其《〈春秋事语〉解题》中指出：这件帛书存16章，没有篇题，每章各记一事，既不分国别，也不论年代先后，记事最早的是鲁隐公被杀，事在公元前712年，最晚的是韩赵魏三家灭智伯，事在公元前453年，可见其记事年代属于春秋时期。这件帛书的16章文字，记事十分简略，记述言论则比较多，显然是一种重在记言的书，这种体裁的书在春秋时期名叫"语"。"语"这类书虽以记言为主，但仍撇不开记事，所以又有以"事语"名书的，如刘向《战国策书录》在叙述他所根据的底本中，有一种就是《事语》。由此张政烺称这件帛书为《春秋事语》，这个书名自1977年随释文刊布以来，学术界至今也没多少异议，可见这种称名是很有说服力的。

《春秋事语》的性质问题，也是张政烺先生一锤定音的。他认为应当和《铎氏微》一样，是为教学用而编的教科书，主要目的是使受教育者了解一些历史故事，学点语言，为进一步学习《春秋》等作准备。这和清代的启蒙书《鉴略》、《论史论略》、《幼学故事琼林》等书有些相似。

关于《春秋事语》的成书、抄写年代，目前分歧不大。张政烺认为"帛书《春秋事语》当是战国时期的作品，抄写在秦末汉初"。徐仁甫则以为："帛书《春秋事语》不避汉高祖刘邦的讳，而避秦始皇的父亲名楚，故称曰荆。这和《韩非子》一书，'凡言荆者，俱为楚之代名，以避秦讳改也'一样。那么《春秋事语》的成书当在秦始皇统一天下之后，即公元前200年左右。"这种观点，其实是采用帛书整理小组的意见，但这段话中有两点不确。一是将帛书的抄写年代换成了"成书"年代。二是所言避秦始皇父楚讳的问题，有的学者指出："古代最需要严格避讳的是'今上'之名。"帛书确称楚为荆，但西周金文已有称楚作荆或楚荆之例，即使帛书此处确为讳字，也可能是传抄未改。帛书中不讳秦始皇名政，可见恐不抄于秦代。作为楚汉交争时期的写本，是最合理的。

对《春秋事语》的史料价值，张政烺先生多有发明。郑良树先生亦在详细校释的同时，多有发挥。张政烺指出：帛书第二章"燕大夫章"所记不见他书记载，帛书所记的燕国，由于地处北方，被九河阻隔，春秋时没有参加中原诸国的会盟，所以不见于鲁晋等国的记载，战国以前的历史几乎全是空白。"燕大夫章"文字虽然不多，却画龙点睛，增加了我们对春秋时期的燕国的认识。张政烺还指出：帛书"会果使谍谗之曰：'是知馀事，将因我于晋。'秦大夫信之，君杀晓朝"，这也与《韩非子·说难》"故绕朝之言当矣，其为圣人于晋，而为戮于秦也"相合，可使《韩非子》的注解充实内容。郑良树先生对此加按语曰："秦戮杀晓朝，史皆不可明考，惟韩非于《说难篇》云'故绕朝之言当矣，其为圣人于晋，而为戮于秦也'。犹保存其事。今《事语》出土，殆可以考知韩非所言之确而有征矣。"

《春秋事语》在文献校勘上的价值，张政烺先生亦作过阐发，他以帛书与《管子·大匡篇》相校后指出：帛书有好些地方足以校正《管子》之误。他列举了五例：①"今彭生二于君"，"二"当从帛书作"近"。②"而腜行以戏我君"，"我"当从帛书作"阿"，"戏"字后加，当删。③"又力成吾君之祸"，"祸"当从帛书作"过"。④"岂及彭生而能止之哉"，"止"当从帛书作"正（贞）"。⑤"无所归死"，"死"当从帛书作"怨"。在此基础上，骈宇骞先生又补充了几例：①"文姜告齐侯"，帛书作"文姜以告齐侯"，义长。②"身得免焉"，当从帛书作"身得庇焉"。③"夫君以怒遂祸，不畏恶亲。开容昏生，无丑也"一句，当从帛书作"君以怒遂祸，不畏恶也。亲间容昏，生□无慝也"。④"二月"，为后人所加，当删。⑤"无所归怨"前应从帛书加"恶于诸侯"四字。这些例证都说明，帛书《春秋事语》对校勘历史文献作用很大，可以解决那些传世文献校勘中难以解决的问题。

至于帛书《春秋事语》与《左传》的关系，有两种截然相反的意见。徐仁甫先生在其论文中，从帛书的避讳，个别词语的有无以及《春秋事语》第十章与《左传》的比较来说明《春秋事语》所采原书的作者，一定没有见过《左传》这部书。因为《左传》对《春秋事语》所采原书的文字，有所增，又有所改；而且所增、所改，又比原书总要好些。因此，他认为："《左传》的成书，在《春秋事语》之后——西汉时代；而其作者，决不是春秋时的左丘明，而是西汉末刘歆托之左丘明的。"

这种观点因涉及《左传》的成书年代和作者问题，故引起了学者们的迅速反应。李学勤先生就此专门写了《〈春秋事语〉与〈左传〉的传流》一文，进行了详密的论证，指出："帛书的内容是从《左传》简化而来。《左传》叙述吴会诸侯一事，情节曲折，帛书则专欲突出子贡的议论，故将复杂过程用数语概括。"

该文又从帛书记事的上下限与《左传》一致以及帛书明显引用《左传》之处来证明"帛书《春秋事语》的发现，为《左传》非刘歆所伪增加了有力的证据"。最后归纳指出："《春秋事语》一书实为早期《左传》学的正宗作品。其本于《左传》而兼及《穀梁传》，颇似荀子学风，荀子又久居楚地，与帛书出于长沙相合，其为荀子一系学者所作是不无可能的。"

7 帛书《战国纵横家书》研究

帛书《战国纵横家书》或称帛书《战国策》，共27章17000余字。对《战国纵横家书》的研究，主要集中在定名、分批及史料价值的阐发等方面，至于其成书时代和汇编时代，没有什么大的争议。马雍先生在《帛书〈别本战国策〉各篇的年代和历史背景》一文中，对帛书27章所反映的历史背景和具体年代进行了逐章的分析，最后得出结论说：这部帛书的内容绝大部分是属于战国后期的史料，大体上相当于齐湣王称帝到齐湣王亡国这一阶段。对帛书的汇编时代，杨宽先生则在《马王堆帛书〈战国策〉的史料价值》一文中指出："看来是秦、汉之际编辑的一种纵横家言的选本。"由马王堆汉墓帛书整理小组整理出版的《马王堆汉墓帛书（叁）》的出版说明中，基本采用了上述两篇论文的看法。

关于帛书的定名，唐兰先生认为："帛书中所谓《战国策》的一种，我很怀疑它是《艺文志》纵横家里的《苏子》三十一篇，不是《战国策》。"

对于这种看法，杨宽、马雍先生在他们的论文中虽没有进行正面讨论，但在标题中都称为帛书《战国策》，这多少说明他们是不大同意将帛书命名为《苏子》的。后来，郑良树先生在其《论帛书本〈战国策〉的分批及命名》一文中，对唐先生的说法逐一进行了讨论。他指出："'不分国'、'不按时代次序'并不能用来作为帛书二十七章的判断标准，因为《战国策》的原始本，除了以国别为篇卷的八篇外，其他的都是'错乱相糅'。所以，刘向才不得不'因国别在，略以时次之'。帛书二十七章'不分国'、'不按时代次序'，并不能否定它是原始《战国策》的可能性……我们把帛书二十七章命名为《战国策》，并不是意味着它就是刘向编的《战国策》，我们只是告诉读者们，帛书二十七章是刘向编《战国策》时的一部分材料，和《国策》、《国事》、《短长》、《事语》、《长书》或《修书》的情形完全一样。"

对于这种争议，马王堆帛书整理小组在《马王堆汉墓帛书（叁）》的出版说明中并没涉及，这也许是考虑到帛书与《战国策》可以对应的只有11章，其他16章都是已佚的有关纵横家的言论，故定名为《战国纵横家书》。这样，既避免了不必要的争论，又可为持不同意见的学者所接受。因此这个定名出来后，已得到学界的普遍认可。

对帛书材料最早进行划分的是杨宽先生，他认为："这部帛书《战国策》，大体上可以分为3个部分，是从3种不同的战国游说故事的册子中辑录而成的：

（1）从第一到第十四章，是苏秦游说资料。各章体例相同，内容相互有联系，编排也有次序，和以后各章编排杂乱的不同。所用的文字也有它的特点，例如'赵'字多省作'勺'，'韩'字多作'乾'等，应该是从一部有系统的原始的苏秦资料辑录出来的。

（2）从第十五到第十九章，该是从另一种记载战国游说故事的册子中辑录出来的。每章的结尾，都有个字数的统计,第十九章结尾除了有本章的字数'三百'以外,接着有'大凡二千八百七十'八个字。'二千八百七十'正是这五章字数的总数。

(3)从第二十到第二十七章,应该是出于又一种辑录战国游说故事的册子。前五章,都见于今本《战国策》或《史记》。其中第二十到第二十二的四章也属于苏氏游说辞,却没有和开首十四章苏秦资料汇编在一起,应该是出于另一个来源的缘故。这三章所用文字,和开首十四章也不同,例如'赵'都不作'勺','韩'都不作'乾',张仪的'仪'作'菐'。"

杨宽先生的划分法发表之后,紧接着马雍先生在同年第4期《文物》上发文表示支持,并认为第三部分"八篇内容既无联系,又无字数统计,可能原来是零散的篇章"。

郑良树先生则在充分肯定杨、马对帛书第一、二部分的划分之后,对第三部分的划分提出了自己的看法。他根据第三部分内容中出现的人名统计表,将这八篇细分成了五个单元:

(1)第二十及二十一章没有提及任何人名,无法和其它篇章贯穿起来,而且,它们都是苏氏说辞,我们列为第一单元。

(2)第二十二及二十四章所提及的人名完全雷同,应当是有很密切的关系,我们列入第二单元。

(3)第二十五章出现的人物是文信侯和蔡乌,与其它篇章无法连串,我们编为第三单元。

（4）第二十三及二十七章虽然没有相同的人物出现，不过，它们所叙述的都是楚人楚事，我们归为第四个单元。

（5）余下的第二十六章，我们归为第五个单元。

在此基础上，他又从据帛书用字的情况统计，对《战国纵横家书》提出了两种新的划分方法，一种是四分法，即：

（1）第一章至第十四章。

（2）第十五章至第十九章。

（3）第二十章至第二十四章及第二十七章。

（4）第二十五章及第二十六章。

另一种是三分法，即：

（1）第一章至第十四、二十五及二十六章。

（2）第十五章至第十九章。

（3）第二十至二十四章及第二十七章。

应该说，郑良树的划分比杨、马二位的分法更加细密了，并且也较好地说明了那些所谓"零散的篇章"的内在联系。因此，无论是三分法还是四分法，都在杨、马的基础上前进了一步。

对帛书《战国纵横家书》史料价值的认识和阐述，在每一篇论及到它的论文中都可看到，归纳起来，主要是以下两点：①帛书为我们提供了许多有关苏秦活动的原始材料，极大地充实了战国史研究的内容。②帛书为有关历史文献的校勘考证和词义确诂提供了有力的佐证（具体内容已在"帛书的内容"一节有所叙述，这里不再重复）。

8 马王堆医书研究

马王堆医书已是学术界，特别是医学界的一个专门课题，它包括帛书、竹木简上所记载的古代医书一共有14种之多，除掉抄在竹木简上的4种医书外，帛书还有10种：即《足臂十一脉灸经》、《阴阳十一脉灸经》甲、乙本、《脉法》、《阴阳脉死候》、《五十二病方》、《却谷食气》、《养生方》、《杂疗方》、《胎产书》，此外还有帛画《导引图》一卷。共计18000余字。这批医书出土后，即由马王堆帛书整理小组的唐兰、李学勤、周世荣、马继兴等诸位学者负责整理，刊发了《马王堆汉墓出土医书释文（一）、（二）》。出版了《五十二病方》和《马王堆汉墓帛书（肆）》。

对马王堆医书的研究，可大致分为两个阶段。第一阶段是从1974年至1985年，当时由于马王堆医书的材料尚未全部发表，故学者们多只能对已发表的部分材料作一些局部的研究，所发表的论文也很少有全面综合性的研究。又因医学研究的内容极其专业化，故于1980年1月及1981年2月，相继出了两期《马王堆医书研究专刊》，相对集中地汇集了国内的一些研究论文。同时，又于1981年9月在湖南衡山，1984年6月在长沙举办了两次全国性的"马王堆医书研究学术报告会"，并相应地成立了"长沙马王堆医书研究会"，这样，对马王堆医书的研究起了极大的促进和推动作用。

这一阶段中对马王堆医书作系统整理研究的只有参加帛书整理小组工作的马继兴先生，他曾在70年代末写出了《马王堆古医书考释》一书。但由于当时马王堆医书的材料尚未全部公布，故此书仅于1979年3月在中医研究院中国医史文献研究所油印，并分赠给全国各地有关学者研究参考。

第二阶段是从1985年至今，也就是自马王堆医书资料全部公布以后至现在。这一时期内，海内外学者相继出版了一些很有分量的马王堆医书研究专著。例如海外有美国学者夏德安的《关于五十二病方》、日本学者山田庆儿主编的《新发现中国科学史资料之研究》（《译注篇》和《论考篇》）；江村治树等人编的《马王堆出土医书字形分类索引》、坂出祥伸的《道教和养生思想》等。在国内，作为专著首先问世的是周一谋先生等主编的《马王堆医书考注》。随后，又出版了周世荣先生的《马王堆养生气功》，魏启鹏、胡翔骅撰著的《马王堆汉墓医书校释（壹）、（贰）》以及马继兴先生撰著的堪称集大成的《马王堆古医书考释》一书，从而使马王堆医书研究达到了一个新的高度。

还值得一提的是1990年9月在长沙召开了第三次全国性的"马王堆医书研究学术研讨会"，国内很多医药科技方面的学者参加会议并提交了一大批有分量的论文，其内容包括文字训释、养生导引、药物方剂、病理诊断、临床各科医疗等方面，范围十分广泛，在医学界引起很大的反响。这次会议后不久，为纪念马王堆汉墓挖掘20周年，于1992年8月，又在长沙召开了"中国长沙马王堆汉墓国际学术讨论会"，来自中国台湾、香港地区和美国、加拿大、日本等国外的学者提交了大量很有新意的研究论文，与中国大陆学者相互切磋研讨，相应地加深了对马王堆医书研究的认识和理解，促进了海内外的马王堆医书研究向新的更深入的层次发展。

关于马王堆医书的抄写年代，马继兴先生指出："其抄录年代也大致与非医学文献类似，同样也在战国末期至西汉文帝十二年之间，相当于公元前4世纪至前3世纪左右。"同时，他还将帛书《五十二病方》与一些字体相同的铜器铭文相对比，得出了该卷帛书的写成比吕后元年早一个时期的结论。在此基础上，又将其与帛书《老子》甲本相比较，认为其字体早于帛书《老子》。至于其成书年代，他则持审慎的态度，通过将帛书与传世医籍加以对比，并运用从帛书本身寻求内证的方法证明了："马王堆出土的各种古医书著作年代大都早于其各自的抄写年代。"至于早到什么时候，则未作界定。

对马王堆医书的文字校释和考证，许多学者花了大量的精力和时间，撰写了许多有分量的考释文章。而用力最勤，考证整理最详密、系统的还是要数马继兴先生所著的《马王堆古医书考释》一书，如其中的第四篇"马王堆汉墓医书的古文字"，即对马王堆医书中的896个通用假借字进行了以上古音韵为基础的分析归类和整理，指出其中同音字有 442 个，同韵字有 384 个，同声字有 70 个，同源字有 36 个。这样细密的梳理归纳，可谓是极其严谨的了。此外，他对异写字、形讹字、笔误字、省文、合文、古写异字的分析，也都是进行得很深入，尽管其中个别分析仍可商量，但就对马王堆医书的校释、考证及其系统研究来说，亦可谓是集大成的。

对马王堆医书内容进行研究和阐述的论文、论著更是数量众多。海内外学者各自从不同的角度对帛书与中国古代医学典籍的源流关系，对帛书所反映的古代经络学说、药物学成就、诊脉法、古代医方、药剂以及养生学等方面进行了研究，揭示了许多不可想象的汉初医学成就。例如从《五十二病方》、《养生方》、《杂疗方》、《胎产书》等帛书的内容中，就可以看到当时药物学发展的辉煌成就。单从药物品种考察，马王堆医书中现存的药名总数就有 394 种。马先生曾根据其药物在自然界中的地位，将其分为"矿物药"、"植物药"、"动物药"、"器物药"和"待考药" 5 大类，这些药物的定名虽然是我国古代早期药物品种区分定名的较原始状态，但它却实实在在地说明早在汉代初年，中华药物学的发展水平相当可观了。再如《五十二病方》所反映的方剂学上的成就也使医学界为之震惊。对此，潘远根先生的《从〈五十二病方〉探讨先秦方剂学的成就》一文，从"药物的配伍"、"剂型运用"、"方剂的用法"等方面揭示了帛书在方剂学上的价值和意义。该文最后归纳指出：完全可以说，有理论指导，有实践运用的方剂学体系在先秦时代已经完全初具雏形了。

随着时间的推移，海内外学者对马王堆医书的研究也向着更深的层次发展。例如1992年召开的中国长沙马王堆汉墓国际学术讨论会上，与会的中外学者就提交了好几篇从不同角度对马王堆医书进行研究的高水准论文。美国学者夏德安在其论文《五十二病方与越方》中指出："《五十二病方》成书的时期是古典中医学形成的时代，其中的巫术方记载了公元前二、三世纪的实用巫术技术，而这种巫术方也就是《后汉书·方术传》中：'赵炳能为越方'的越方，它以气禁为主（包括呼出的气、唾液和祝水），具有浓厚的巫术色彩，这种巫术方在中国南方至今流传不衰。"夏德安后又著有马王堆医书英译本，这对西方学者全面系统地研究马王堆医书必将起到很大的推动作用。台北学者杜正胜在其论文《试论传统经脉体系之形成——兼论马王堆脉书的历史地位》一文中指出："马王堆脉书已初具《黄帝内经》之雏形……它和江陵张家山汉简《脉书》一样，代表着战国医学的成就，可以补足传世文献的缺失。"

在与会的大陆学者中，马继兴先生以《马王堆古医书中的呼吸养生法》为题，揭示了帛书中3种久已失传的呼吸养生法。①"六气"呼吸养生法。②响吹呼吸养生法。③昼夜呼吸养生法。并且指出："这3种养生法具有朴素的唯物主义思想，是我们今天应该珍惜和开发的古老保健学的遗产。"李零先生则以《高罗佩与马王堆房中书》为题，讨论了马王堆房中书与后世房中书的历史联系，说明中国古代的房中术传统是连贯一致的，从两千多年以前到明代很少有改变。此外，他还在文中介绍了荷兰汉学家高罗佩先生在中国传统房中术研究方面的贡献，开拓了马王堆医书研究的新视野。

9 术数类帛书的整理和研究

马王堆帛书中，属术数类的就有8种11篇之多（包括兵书类的《刑德》），在帛书中占有很大的比重。由于这批帛书的整理尤其困难，因此，至今也没有将这批术数类帛书资料的释文全部整理公布出来，至于其图版也是如此。已公布的释文仅有下列几种：①《五星占》释文。②《天文气象杂占》释文及图版。③《相马经》释文。④《刑德》乙篇释文及图版。

除上述4种释文及部分图版断断续续发表之外，其他如帛书《刑德》甲、丙篇，《阴阳五行》甲、乙篇和《木人占》的释文和图版至今也未发表，因此，使学术界对这批术数类帛书的研究受到了限制，不仅至今没有一部专著问世，就是有限的一些论文也多集中在对《五星占》、《天文气象杂占》的研究。对《相马经》和《刑德》乙篇的研究更仅限于少数几位学者的范围内。

帛书《五星占》的释文发表初期，何幼琦先生在1979年至1981年的《学术研究》上展开过讨论，在

《试论〈五星占〉的时代和内容》一文中，对已发表的释文和几篇研究《五星占》的文章提出了许多批评和修正意见。陈久金先生的《关于岁星纪年若干问题》一文，则对上述的批评意见提出了商榷。紧接着，何幼琦先生在《关于〈五星占〉问题答案难》一文中又对上述的商榷意见进行了答辩。但这些讨论多集中在纯天文学的范围内。这里，我们仅就一些论文中对帛书《五星占》的研究理解有直接帮助的部分作一简述。

席泽宗先生在《中国天文学史的一个重要发现》这篇文章中，曾对《五星占》在天文学史研究中的重要价值，进行了分析概括，揭示了帛书记载的科学性。这以后，对《五星占》的研究多侧重在揭示其科学价值方面，而对其术数学的内涵谈得很少，只有何幼琦先生曾略有阐述，认为："《五星占》共有九章。前六章同后三章大不相同，前者是本体，纯系根据五大行星的变异，对于军国命运进行占卜的占术，其指导思想是阴阳五行学说。"以这种认识为基础，他还从五大行星的别名，二十八宿、十二辰、太阴纪年法都比较琐碎的方面分析，得出了帛书不是真正的天文学著作，而是战国时的占术书的结论。应该说，在当时特定的历史条件下，能提出这样的见解确是独具慧眼和灼识的。

关于《五星占》的成书年代，有两种不同的意见，席泽宗先生认为："从马王堆三号墓的安葬日期为汉文帝'十二年二月乙巳朔戊辰'，即公元前168年颛顼历二月二十四日，和其中的天象纪录到汉文帝三年为止，可以断定帛书的写成年代约在公元前 170 年左右。"何幼琦先生则从帛书中占辞所反映的时代背景判断："《五星占》成文的时期，当在公元前 370 年至前 320 年的 50 年内。"这两种意见，其时间相差 200 年，究竟哪一种意见更接近事实呢？笔者以为后一种意见是从帛书本身所找出的时代背景信息为据，这种内证法具有一定的说服力。前一种意见也许并不能说明其成书年代，只能说明其抄书年代。而且这种年代都在后三章中，按后一种意见的分法，这三章没有一句是占术的话，确是地道的天文学著作，是秦王政初年天文观测的实际记录，故其时代比前六章要晚。但这些科学资料，在当时星占术士的手里，与前六章的星占术合为一体，成了我们今天所看到的《五星占》，因此，我们并不能凭后三章中有"文帝三年"的记载而将《五星占》的成书年代定得太晚。

　　帛书《五星占》的作者是谁？这也是一个有争议的问题，何幼琦先生认为："看来《五星占》大抵是三晋、周、鲁天文家的著作。"对这种推测性的意见，学术界认同者尚少，大多数比较倾向于《五星占》是楚人的作品，因为《五星占》中的许多文字类同诸书引述甘石的话，刘向早就指出，甘公是楚人，而且帛书中大多数古佚书都出自楚人之手，如帛书《易传》、《五十二病方》等等，而且又在楚地的长沙出土，所以，说《五星占》出自楚人之手当大致不差。

　　《五星占》的出土还说明了这样一个事实：汉初的岁星纪年法正是五星占纪年法，为此，刘彬徽先生指出:"我国古代的岁星纪年有一个演变过程,由战国时期的甘石纪年法衍变为五星占纪年法,由五星占纪年法衍变为太初历纪年法,而太初历纪年法与后世干支纪年法相接,一直延续到今天仍在使用。"这无疑对勾画和研究中国历史纪年的演变过程大有助益。

《天文气象杂占》是术数类帛书中研究得较为深入的一篇。顾铁符先生最早在《马王堆帛书〈天文气象杂占〉内容简述》一文中已较为详细地介绍了帛书有关云、气、星、彗星等方面的内容,并从帛书上所绘的十四国云,特别是有赵云、韩云、魏云这一记载来推论,它们成书是在战国时期三家分晋之后。又根据帛书中称国为邦,称国君为邦君,不避高祖刘邦的讳来说明,这幅帛书的传抄,至迟不晚于西汉最初的几年。对《天文气象杂占》的地域性问题,该文指出:"《开元占经》、《晋书·天文志》、《太平御览》引《兵书》等,都是从韩云开始,楚云排在第三,《乙巳占》中甚至没有楚云,独有这幅《天文气象杂占》以楚云排在最前面,而且帛书第四一六条提到吴伐楚的柏举之战,是以楚人的口气说的,加上帛书中一些特殊的方言和帛书所出土的楚地长沙等因素,认为该帛书是出于楚人之手是很有可能的。"

关于这件帛书的性质,顾铁符先生指出,"这和一同出土的《刑德》等一样,都是属于兵家阴阳,亦即军事迷信的书"。时隔10多年之后,魏启鹏先生在《帛书〈天文气象杂占〉的性质和纂辑年代》一文中对此又进一步作了论证,认为它肯定是兵家所用的天文气象占验之书。

对《天文气象杂占》的科学价值的研究，顾铁符先生指出："其中最值得注意的是天文中的彗，其次是气象中晕的部分。帛书中有29幅彗星的形态图，除了最后的翟星之外，其余都分彗头、彗尾两个部分，其中彗尾有直有弯，且有大小不同的弧度，可见当时观测彗星已经注意到了彗尾的形态差异。"席泽宗先生的《马王堆汉墓帛书中的彗星图》一文，则对29幅彗星图下的占文进行了详细地考证，并通过对中西方彗星研究成果的比较，阐述了《天文气象杂占》中所记载的彗星图作为世界上关于彗星形态的最早著作的重要价值，特别是"考虑到国外在公元66年才有一个出现在耶路撒冷上空的彗星图，而欧洲人帕雷在1528年还在彗星的尾部画着一只屈曲的臂，手里持着一柄长剑刺向彗核，在彗尾两旁还绘着带有鲜血的刀、斧、剑、矛等，就更可以显出这份彗星图的珍贵了"。

《天文气象杂占》的释文和图版于1979年公布以后，很长一段时期内，研究的论著甚少，除了顾铁符先生在《夕阳刍稿》中重新刊布整理的《马王堆帛书〈天文气象杂占〉》（包括图版和释文）外，只有少数几位学者写过这方面的研究论文。李学勤先生的《论帛书白虹及〈燕丹子〉》一文主要讨论了《天文气象杂占》中有关虹的占语与《燕丹子》中所谓白虹贯日的关系和意义的理解，侧重于文献学和学术史方面的阐述，是对《天文气象杂占》研究新领域的开拓。而王胜利先生的《帛书天文气象杂占的彗星图占新考》

则是对某些学者所作的彗星图占研究的重新检讨,并多有新的收获。例如:该文通过对彗星图及其占文的仔细摹绘和考证,认为:"帛书的彗星图不只是29幅,而应是30幅,即在以往所释的基础上,又发现了一个图版和过去摹本中都未收入的'天觉'星,也就是甘石所谓'觉星',因为在帛书的图形中彗头被地平线所遮,只剩尾巴,故没有摹出。"此外,该文对过去所摹的彗星图亦多有修正,并对占文的解释也多有订正。例如:"天出荧或(惑),天下相惑,甲兵尽出"这一条占文,过去认为:"它们的图形像现在的天蝎座,即古时二十八宿中的房、心、尾三宿。"该文则认为:"荧惑本是一颗星,帛书所画非为天蝎座,可能表示的是荧惑亮度大小和运动方向变化不定的特征。"又如"厉彗,有小兵;黍麻为。北宫。"这条占文,过去认为:"厉为大带之垂者。"有的学者辨正说:"审视图形,此星不似大带垂下之形,'厉'应训为'恶','此厉彗就是恶厉之彗。'"该文则认为:"统观各彗星占辞,各星均为预兆灾害的恶星,帛书似无特别理由单称此星为恶厉之彗。因此,认为此星以'厉彗'命名,是因其尾形呈飞扬状。师古注《汉书·息夫躬传》'鹰隼横厉'云:'厉,疾飞也。'"

帛书《相马经》自1977年发表释文以后,据笔者所知,仅发表过两篇论文。一篇为谢成侠先生的《关于长沙马王堆汉墓帛书〈相马经〉的探讨》,全文分3个章节对《相马经》的时代背景和来历、内容分析和科学历史意义进行了讨论。该文根据《相马经》里的某些词句可以和战国时代的一些著作如《庄子》中的有关论述相吻合来推论，帛书记载的相马法决不是来源于汉初的著作，很可能是战国时代就已传授下来了。并且指出：这部帛书的出土，证实了我国古代相马有悠久的历史。

对帛书《相马经》的行文结构和内容的认识有所创见的是赵逵夫先生所写的《马王堆汉墓帛书〈相马经〉发微》这篇论文。该文首次指出："帛书《相马经》包括3部分，第一部分是'经'，即从第1行至22行是《相马经》的本文；第二部分是'传'，即从第23行至44行的'处之，多气'，是通摄经文大意，阐发精要的文字；第三部分则是'故训'，即从第44行至帛书末尾，全是对第一部分经文的解释，其中一些重要文字，不过是为了解释的方便先引录了经文有关文字而已。"此外，该文通过对"经"、"传"、"故训"的内容分析后认为："《相马经》的'传'同'故训'，有可能同出一人之手，但经文同'传'、'故训'，非同一作者所作，且非同一时期的作品，其中'经'当产生于战国中期以前，而'传'与'故训'则要迟一些。由于将《相马经》划分为'经'、'传'、'故训'3个部分，而且'经'文开头有'大光破章'4字，'章'就是篇章的意思，'大光'是指眼而言，'破'为解析，识透之义，'大光破章'也就是'马眼识别章'。这篇经文从头到尾是讲相马的眼睛的学问，所以叫'大光破章'。"此说诚可谓名副其实。因此，"经"这一部分应该定名为《相马经·大光破章》。又因帛书的第二、三部分是对"经"的"传"、"故训",按照西汉时代就有《毛诗故训传》书名的例子,这件帛书似应定名为《相马经·大光破章故训传》。现在看来,这个定名虽然长了一点,但它确实道出了帛书的准确名称。本书之所以仍称为《相马经》,实为避免误解而泛称之。

帛书《刑德》共有甲、乙、丙3篇,一直到1992年,《马王堆汉墓文物》出版才发表了《刑德》乙篇图版和释文,紧接着饶宗颐先生就对《刑德》乙篇中的九宫图诸神名进行考释,同时,笔者也发表了《帛书〈刑德〉略说》一文,第一次较为详细地介绍了帛书《刑德》乙篇的内容。认为帛书《刑德》乙篇由3部分组成,第一部分是位于帛书右上部的"刑德九宫图",第二部分是位于九宫图左侧的"刑德运行干支表",第三部分则是两篇文献,位于九宫图和干支表下面的一篇文献是关于刑德运行规律的说明,位于帛书左侧的那篇文献则是有关星占术的兵阴阳家的古佚书。这3个部分既相对独立,同时又互相联系,构成一个有机的整体。帛书《刑德》乙篇的发表,无疑给我国传统的术数学研究提供了崭新而珍贵的材料,势必引起学术界的广泛关注。

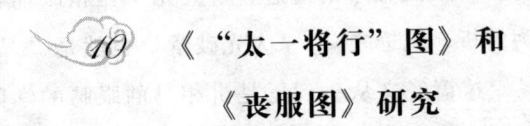

10 《"太一将行"图》和《丧服图》研究

按照《汉书·艺文志》的分类,《"太一将行"

图》和《丧服图》本属于不同性质的两件帛图，但由于它们在形式上都是以图为主，以文为辅，故暂将其并在一节中叙述。

《"太一将行"图》的图版迟至1992年才在《马王堆汉墓文物》一书中正式发表，在这之前，在《文物研究》第2辑上曾发表过一张很不清楚的黑白图版。其研究的热点集中在帛图的命名和性质的确定方面。有的学者曾将其称为"社神图"，后又改称为"神祇图"。而后，又李零先生撰文认为应属"避兵图"，李家浩先生则认为应称之为"太一避兵图"。笔者在诸位学者研究的基础上，以帛图本身的题记文字为依据，参考青铜器定名中常见的取铭文定器名的方法，经过对帛图题记文字的校释和辨正，认为还是直接从题记文字中取其为《"太一将行"图》较好。

至于帛图的性质，有的学者认为是避兵图，也有的学者认为是一种护身符箓，笔者则认为是一种避风雨、水旱、兵革、饥馑、疾疫的避邪工具。上述几种意见，虽说法不一，但仔细想来，其本质都是避凶求吉，避灾求福，只是其所强调的重点有些差异而已。

关于其绘制的时代，目前虽不能确定其准确的年代，但从所绘"太一"神和所属四神的技巧来看，可与楚帛书的内容及楚文化传说相对应，将其定在战国末年当大致不错。

《丧服图》的图版也是《马王堆汉墓文物》一书刊布后问世的，20余年来，很少有学者问津。到目前为止，仅发表过曹学群先生的《马王堆汉墓"丧服图"

简论》一文，对帛图的内容、文字进行了较详细的描述和考释。该文参照明清家谱复原了《丧服图》的亲属关系网络图，认为这是一幅墓主生前五服之内的父党系亲属关系网络图。它的出土，填补了汉初丧服礼制记载的空白，是研究秦汉之际丧服礼制的宝贵资料。

这篇文章虽然是《丧服图》研究的唯一的一篇论文，且文中有些说法，诸如华盖的功用等问题还可继续讨论，但其为帛图的正确描述和复原所做的工作，对《丧服图》的进一步研究打下了很好的基础。

马王堆古地图研究

马王堆三号汉墓中共出土了3幅帛质古地图，即"地形图"、"驻军图"和"城邑图"（或称"园寝图"），因城邑图上没有文字，故本书中缺而不论。

地形图和驻军图出土时，折叠的边缘已经断裂破碎，后经采取一系列保护措施之后，才揭开成各自的32块帛片。其中"地形图"的折叠次序是先上下，后左右，连续对折两次，再左右对折一次，揭开后，可以将帛片排列为横4片、纵8片的组合秩序。然后将其缀合成一幅长宽各96厘米的正方形帛图。"驻军图"破碎得比较严重，揭开后比较完整的只有20片，许多残片以及粘连在其他帛书上的帛片，拍照时无法根据编号顺序确定是在哪一幅帛片上，最后只能根据地形图的拼复原则先拼成24片，其他残片依靠帛纹的方向，图形的形状大体上拼为4片，接在帛图右侧，从而拼复成一幅横7片、纵4片，共28片，长98厘米、宽78厘米的"驻军图"。后来，曾参加帛书整理的韩仲民先生重新检查"驻军图"出土时的全部原大照片，认为"驻军图"应该是和"地形图"一样大小，即长宽各96厘米的正方形，其折叠的顺序是先由下向上对折，再由上向下对折，然后由左向右连续对折三次。揭开后的帛片也应该是横8片、纵4片，一共32片，而不是28片。

"地形图"和"驻军图"发表之后，自1975年以来，每年都有关于马王堆古地图研究的论文发表，单以1992年在长沙召开的马王堆汉墓国际学术讨论会为例，与会学者就提交了6篇关于古地图研究的论文。综观这些研究论文，主要是围绕下列主要问题展开讨论的。

（1）是关于古地图的定名问题

帛书整理小组发表这些古地图时，将其定名为"地形图"和"驻军图"。对前者，有的学者认为是"长沙国南部舆地图"，有的则认为应定名为"西汉初期长沙国深平防区图"，还有的则认为是"秦代江图"。对前两个名称，学术界似乎没什么反映，也许是其称名太长，不便记诵，或许是太强调"深平"在帛图中的重要，有以偏概全的不足，故学者们仍多从帛书整理小组的定名，径称其为"地形图"。至于所谓"秦代江图"说，周世荣先生从帛图所具有的汉代特点，地图内容所反映的汉初历史等方面论证了"秦代江图"说是不能成立的。关于"驻军图"，或称之为"守备图"。其实，称"驻军图"和"守备图"并没有质的区别，称"驻军"，比较侧重在其军队的建制和防区的分布，称"守备"则强调防守装备布局方面，也许是因"守备"用词不太通俗，故帛书整理小组的名称出来后，学术界都比较认同"驻军图"的定名。

（2）关于古地图的绘制年代

马王堆古地图发表之后，对古地图的绘制年代的意见众说纷纭，例如"驻军图"，或以为是汉高祖或汉惠帝初年所绘，或以为是吕后末年制成，或以为是文帝初年所制。对此，熊传薪先生从帛图本身中寻找内证，然后证之以历史文献，认为其绘制年代应是高后五年（公元前183年）南越攻打长沙国边境到汉文帝元年（公元前179年）罢兵以前所绘制的战争军事图，不应是汉文帝元年罢兵停战以后长沙国的守备图。曹学群则认为："'驻军图'的绘制年代可以确定在高后七年（公元前181年）至文帝十二年（公元前168年）之间，而其具体年代，很可能为高后末年或者文帝初年。"其实，两者观点已相当接近，因为帛图本身并没有明确的纪年，故将其绘制年代定在吕氏末年至文帝初年之间，应该已是相对准确的估定年代了。至于"地形图"的绘制年代，进行讨论的学者相对比较少，仅有个别的学者从"驻军图"与"地形图"所绘的差异来分析，认为"地形图"的绘制年代应相对早于"驻军图"，可以确定在秦始皇二十六年（公元前221年）至高后七年（公元前181年）之间，而很可能是在高帝五年（公元前202年）以后至高后七年这段时期之内。

(3) 关于古地图内容的认识和研究

对古地图内容的研究,一方面是对古地图上所标出的特殊地理名称及古代区域地名的考释,一方面则是对古地图绘制的技术水准进行分析和评价。对前者研究甚勤且论述较多的是周世荣先生,他不仅实地考察过古地图所记载地名的实际地望,而且利用湖南所出土的一些汉代地方官印与古地图地名相印证,解决了许多地名的释读问题。如"部"这种特殊的名称,在"地形图"中出现3次,在"驻军图"中出现11次。"部"到底是一种什么单位建制名称呢?他认为,"部"与"培"通,"培"就是"培敦",也就是小城堡的专称,根据"地形图"、"驻军图"上所使用的"部"的圆形图例看,"部"大约相当于"乡"的地位。他的考证虽不一定准确,但迄今为止,仍不失为一种较好的解释。又如"地形图"中的"桃阳"这个地名,在《汉书·地理志》中写作"洮阳",他根据湖南长沙一座汉墓中同时出有"洮阳长印"、"逃阳令印"等文字说明"桃"、"洮"、"逃"皆从"兆"得声,在汉代是可同音通用的。但依现在的地理考察,地图中的"桃阳"应是以湘水的支流"洮水"命名,因此,所谓"桃阳"、"逃阳"和"洮阳",应以"洮阳"为准。

对古地图绘制技术水准进行分析评述的首推谭其骧先生。他认为:"'地形图'山脉的画法接近于现代的等高线画法,要比宋以后直到明、清经常被采用的人字形画法或山水画中的峰峦那样的画法都强得多。居民点符号用方圆区别政区的等级，也一直沿用到近几十年前……"在此基础上对"地形图"的测绘特点作全面分析的是张修桂先生，他将"地形图"的测绘特点归纳为：①准确地测定图幅的设计核心和支测点。②突出地表示水系和山脉。③详细地反映聚落与道路的配置。④概括地勾画岭南山川大势。⑤适当地调整图面布局。因此，他认为，这幅在特定形势下由于军事布防需要而测量绘制的"地形图"，已具备现代地形图的四大要素，即水系、山脉、居民点和道路，而且表示得相当详确。

对古地图的测绘特点，学者们多称赞不已，但对该图是否是经实地测量后绘制，则有不同的意见。有的学者曾提出："马王堆古地图在绘制方面确有使人惊异的技术水准，但如果以今天的科学技术水平去衡量2100多年以前古地图绘制所达到的精确程度，那就是一种不切实际的作法，因为即使在地图绘制精确程度确实很高，在没有其他证据的情况下，并不能说明它一定就是实际测量的结果；反过来说，绘制的不十分准确，有误差，甚至有一定程度的任意性，也不能因而否定其科学和历史价值。"应该说，这种意见作为一种正确评估历史文物的科学价值的态度是值得重视的，任何历史文物，总有其历史的局限性，我们既要充分肯定其科学价值，但也不必要去任意拔高和夸大。

对马王堆古地图的研究，近年来有李均明先生尝试着以居延汉简中所见居延防区的情况与帛书"驻军图"作比较，阐述了诸如两者的防御体系都是封闭式的，构成军事特区；防区内军民共处，军事与民政关系密切；重视通讯联络与后勤保障等特点。还有王子今先生则将"地形图"和"驻军图"与甘肃放马滩秦墓古地图进行对比研究，指出它们之间在突出标示交通路线方面有某种继承关系，而其内容又可补充史籍对于南楚交通记载之不足，因而有助于对汉代交通史的认识。很显然，这种比较研究，必将对马王堆古地图的深入研究大有帮助。

结束语

我们对帛书的发现和研究作了一次扼要的回顾，这种回顾虽然是粗线条的，尚不能囊括学术界已作出的研究成果，但已基本反映和描述了半个多世纪以来帛书研究的主要成果和研究热点。要言之，帛书研究的热点和主要成果乃集中在如下几个方面：

第一，集中在对楚帛书的研究。楚帛书自20世纪40年代问世以来，不仅其流传经过带有传奇色彩，而且其研究也因科学技术的不断进步，随着楚帛书真面目的日渐明朗而有突破性的进展。例如对楚帛书中间两篇文字孰先孰后的问题，讨论了半个多世纪。现经李零先生对帛书形制的考察和对帛书经纬线的分析，终于令人信服地揭示了楚帛书文字书写的先后顺序，这无疑比单从帛书内容去寻找孰先孰后的证据更具有说服力。

第二，集中在对帛书《老子》、《黄帝书》的研究。帛书《老子》、《黄帝书》在马王堆帛书中既是整理发表最早的，也是学术界特别关注、研究成果最多的两种帛书。对帛书《老子》甲、乙本的考释疏证，澄清了今本《老子》中的许多疑窦，还了《老子》道家学说的本来面目。对帛书《黄帝书》的研究，则揭开了汉初黄老学说的真实面目，使沉埋了两千多年，而史书上习见的黄老学说重新被人们所认识。

第三，集中在对帛书《周易》、《易传》的研究。帛书《周易》、《易传》尽管发表的时间较晚，但由于其在中国哲学思想发展史上的特殊地位所决定，故一经发表，就在学术界产生巨大影响，迅速形成一股学术研究的热潮。许多学者对帛书《周易》的卦序、帛书《系辞》与通行本的差异以及帛书《易传》的学派性质等问题展开了热烈的讨论，这种学术讨论已对正是热门的易学研究产生了积极的影响。

第四，集中在对马王堆古医书的研究。马王堆古医书的出土，不仅对中华医学史的研究有重大价值，而且对现代医学和临床医疗等方面都有重要的参考价值。学者们一方面认真释读考证这一批久佚的古医学文献，另一方面则注重揭示马王堆医书对现代医学的参考价值，进而开发以马王堆医书为依据的营养保健药品，直接为现代人造福。因此，对马王堆医书的研究，不只是研究专著较多，而且开发出来的"古汉养生经"、"西汉古酒"等养生药品也已驰名海内外。

帛书的研究虽已过去半个多世纪了，并已成为一门专门的学问而为国内外学者所关注，且发表的学术成果数以百计，但是，帛书的研究还远没有穷尽。正如有的学者所说："帛书将吸引着几代学者反复去琢磨，去推敲，去研究消化，在研讨中重新思考，不时迸发出思想的火花。"可以预见,对帛书的研究,不仅上述几个研究热点将继续引导学者们去作更深入的研究,而且随着帛书整理的新进展和新突破,对帛书的研究还会出现新的热点。例如对楚帛书的研究,随着其他几件楚帛书残片的拼缀整理和发表,必然会出现对所谓第二楚帛书的研究热点。又如对马王堆帛书的研究,随着对术数类帛书的整理和材料的公布,随着对中国传统术数学的重新认识,必将在学术界掀起一个马王堆术数类帛书研究的高潮。现在海外的一些学者如美国的夏德安先生、法国的马克先生等已率先开始了这方面的研究。我们期待着帛书研究的队伍日益壮大,帛书研究的水准逐步提高,帛书研究的成果日益增多,以便在不久的将来,能再写出一部纯学术性的《帛书研究史》。

补记:本书完稿于1995年初,故书中所收材料仅截止于1994年底。现在看来,这已是一册过时的书稿了,但作为当时的一种帛书研究史录,亦无妨供读者参考,这一点,敬请学界同仁和读者诸君理解和原谅。

作　者
1999年12月补记

参考书目

1. 李致忠著《中国古代书籍史》，文物出版社，1985。
2. 钱存训著《印刷发明前的中国书和文字记录》，印刷工业出版社，1988。
3. 蔡季襄著《晚周缯书考证》，1944年付印。
4. 李零著《长沙子弹库战国楚帛书研究》，中华书局，1985。
5. 巴纳（Noel Barnard）著《楚帛书评注》，澳大利亚国立大学远东历史研究院出版，1973。
6. 饶宗颐、曾宪通著《楚地出土文献三种研究》，中华书局，1993。
7. 李学勤著《东周与秦代文明》，文物出版社，1984。
8. 李学勤著《简帛佚籍与学术史》，台湾时报出版公司，1994。
9. 李零著《中国方术考》，人民中国出版社，1993。
10. 国家文物局古文献研究室编《马王堆汉墓帛书（壹）》，文物出版社，1980。
11. 马王堆汉墓帛书整理小组编《马王堆汉墓帛书（叁）》，文物出版社，1983。
12. 马王堆汉墓帛书整理小组编《马王堆汉墓帛书

(肆)》，文物出版社，1985。

13. 傅举有、陈松长编著《马王堆汉墓文物》，湖南出版社，1992。

14. 江村治树编《马王堆出土医书字形分类索引》，1987。

15. 《中国文物》，文物出版社，1979。

16. 曹婉如等编《中国古代地图集》，文物出版社，1990。

17. 湖南省博物馆编《马王堆汉墓研究》，湖南人民出版社，1981。

18. 湖南省博物馆编《马王堆汉墓研究文集》，湖南出版社，1994。

19. 陈鼓应主编《道家文化研究·马王堆帛书专号》，上海古籍出版社，1993。

20. 李学勤、林剑鸣、谢桂华主编《简帛研究》第一辑，法律出版社，1993。

21. 叶程义著《帛书〈老子〉校刘师培〈老子斠补〉疏证》，台湾文史哲出版社，1994。

22. 王博著《老子思想的史官特色》，台湾文津出版社，1993。

23. 庞朴著《帛书五行篇研究》，齐鲁书社，1988。

24. 池田知久著《马王堆汉墓帛书〈五行篇〉研究》，日本汲古书院，1993。

25. 魏启鹏著《德行校释》，巴蜀书社，1991。

26. 李学勤著《周易经传溯源》，长春出版社，1992。

27. 陈鼓应著《易传与道家思想》，台湾商务印书馆，1994。

28. 韩仲民著《帛易说略》，北京师范大学出版社，1992。

29. 邓球柏著《帛书周易校释》，湖南人民出版社，1989。

30. 严灵峰著《马王堆帛书易经斠理》，台湾文史哲出版社，1994。

31. 余明光著《黄帝四经与黄老思想》，黑龙江人民出版社，1989。

32. 余明光著《黄帝四经今注今译》，岳麓书社，1993。

33. 郑良树著《竹简帛书论文集》，中华书局，1982。

34. 顾铁符著《夕阳刍稿》，紫禁城出版社，1988。

35. 周一谋主编《马王堆医书考注》，天津科技出版社，1882。

36. 魏启鹏著《马王堆汉墓医书校释》，成都出版社，1992。

37. 马继兴著《马王堆古医书考释》，湖南科学技术出版社，1992。

38. 周世荣著《马王堆养生气功》，湖北科技出版社，1990。

39. 罗振玉、王国维著《流沙坠简》，中华书局，1993。

40. 甘肃省文物考古研究所编《敦煌汉简》，中华书局，1991。

《中国史话》总目录

系列名	序号	书名	作者
物质文明系列（10种）	1	农业科技史话	李根蟠
	2	水利史话	郭松义
	3	蚕桑丝绸史话	刘克祥
	4	棉麻纺织史话	刘克祥
	5	火器史话	王育成
	6	造纸史话	张大伟 曹江红
	7	印刷史话	罗仲辉
	8	矿冶史话	唐际根
	9	医学史话	朱建平 黄健
	10	计量史话	关增建
物化历史系列（28种）	11	长江史话	卫家雄 华林甫
	12	黄河史话	辛德勇
	13	运河史话	付崇兰
	14	长城史话	叶小燕
	15	城市史话	付崇兰
	16	七大古都史话	李遇春 陈良伟
	17	民居建筑史话	白云翔
	18	宫殿建筑史话	杨鸿勋
	19	故宫史话	姜舜源
	20	园林史话	杨鸿勋
	21	圆明园史话	吴伯娅
	22	石窟寺史话	常青
	23	古塔史话	刘祚臣
	24	寺观史话	陈可畏

系列名	序号	书名	作者
物化历史系列（28种）	25	陵寝史话	刘庆柱　李毓芳
	26	敦煌史话	杨宝玉
	27	孔庙史话	曲英杰
	28	甲骨文史话	张利军
	29	金文史话	杜　勇　周宝宏
	30	石器史话	李宗山
	31	石刻史话	赵　超
	32	古玉史话	卢兆荫
	33	青铜器史话	曹淑芹　殷玮璋
	34	简牍史话	王子今　赵宠亮
	35	陶瓷史话	谢端琚　马文宽
	36	玻璃器史话	安家瑶
	37	家具史话	李宗山
	38	文房四宝史话	李雪梅　安久亮
制度、名物与史事沿革系列（20种）	39	中国早期国家史话	王　和
	40	中华民族史话	陈琳国　陈　群
	41	官制史话	谢保成
	42	宰相史话	刘晖春
	43	监察史话	王　正
	44	科举史话	李尚英
	45	状元史话	宋元强
	46	学校史话	樊克政
	47	书院史话	樊克政
	48	赋役制度史话	徐东升

系列名	序号	书名	作者
制度、名物与史事沿革系列（20种）	49	军制史话	刘昭祥　王晓卫
	50	兵器史话	杨　毅　杨　泓
	51	名战史话	黄朴民
	52	屯田史话	张印栋
	53	商业史话	吴　慧
	54	货币史话	刘精诚　李祖德
	55	宫廷政治史话	任士英
	56	变法史话	王子今
	57	和亲史话	宋　超
	58	海疆开发史话	安　京
交通与交流系列（13种）	59	丝绸之路史话	孟凡人
	60	海上丝路史话	杜　瑜
	61	漕运史话	江太新　苏金玉
	62	驿道史话	王子今
	63	旅行史话	黄石林
	64	航海史话	王　杰　李宝民　王　莉
	65	交通工具史话	郑若葵
	66	中西交流史话	张国刚
	67	满汉文化交流史话	定宜庄
	68	汉藏文化交流史话	刘　忠
	69	蒙藏文化交流史话	丁守璞　杨恩洪
	70	中日文化交流史话	冯佐哲
	71	中国阿拉伯文化交流史话	宋　岘

系列名	序号	书名	作者
思想学术系列（21种）	72	文明起源史话	杜金鹏 焦天龙
	73	汉字史话	郭小武
	74	天文学史话	冯时
	75	地理学史话	杜瑜
	76	儒家史话	孙开泰
	77	法家史话	孙开泰
	78	兵家史话	王晓卫
	79	玄学史话	张齐明
	80	道教史话	王卡
	81	佛教史话	魏道儒
	82	中国基督教史话	王美秀
	83	民间信仰史话	侯杰
	84	训诂学史话	周信炎
	85	帛书史话	陈松长
	86	四书五经史话	黄鸿春
	87	史学史话	谢保成
	88	哲学史话	谷方
	89	方志史话	卫家雄
	90	考古学史话	朱乃诚
	91	物理学史话	王冰
	92	地图史话	朱玲玲

系列名	序号	书名	作者
文学艺术系列（8种）	93	书法史话	朱守道
	94	绘画史话	李福顺
	95	诗歌史话	陶文鹏
	96	散文史话	郑永晓
	97	音韵史话	张惠英
	98	戏曲史话	王卫民
	99	小说史话	周中明　吴家荣
	100	杂技史话	崔乐泉
社会风俗系列（13种）	101	宗族史话	冯尔康　阎爱民
	102	家庭史话	张国刚
	103	婚姻史话	张　涛　项永琴
	104	礼俗史话	王贵民
	105	节俗史话	韩养民　郭兴文
	106	饮食史话	王仁湘
	107	饮茶史话	王仁湘　杨焕新
	108	饮酒史话	袁立泽
	109	服饰史话	赵连赏
	110	体育史话	崔乐泉
	111	养生史话	罗时铭
	112	收藏史话	李雪梅
	113	丧葬史话	张捷夫

系列名	序号	书名	作者	
近代政治史系列（28种）	114	鸦片战争史话	朱谐汉	
	115	太平天国史话	张远鹏	
	116	洋务运动史话	丁贤俊	
	117	甲午战争史话	寇伟	
	118	戊戌维新运动史话	刘悦斌	
	119	义和团史话	卞修跃	
	120	辛亥革命史话	张海鹏	邓红洲
	121	五四运动史话	常丕军	
	122	北洋政府史话	潘荣	魏又行
	123	国民政府史话	郑则民	
	124	十年内战史话	贾维	
	125	中华苏维埃史话	杨丽琼	刘强
	126	西安事变史话	李义彬	
	127	抗日战争史话	荣维木	
	128	陕甘宁边区政府史话	刘东社	刘全娥
	129	解放战争史话	朱宗震	汪朝光
	130	革命根据地史话	马洪武	王明生
	131	中国人民解放军史话	荣维木	
	132	宪政史话	徐辉琪	付建成
	133	工人运动史话	唐玉良	高爱娣
	134	农民运动史话	方之光	龚云
	135	青年运动史话	郭贵儒	
	136	妇女运动史话	刘红	刘光永
	137	土地改革史话	董志凯	陈廷煊
	138	买办史话	潘君祥	顾柏荣
	139	四大家族史话	江绍贞	
	140	汪伪政权史话	闻少华	
	141	伪满洲国史话	齐福霖	

系列名	序号	书名	作者
近代经济生活系列（17种）	142	人口史话	姜涛
	143	禁烟史话	王宏斌
	144	海关史话	陈霞飞　蔡渭洲
	145	铁路史话	龚云
	146	矿业史话	纪辛
	147	航运史话	张后铨
	148	邮政史话	修晓波
	149	金融史话	陈争平
	150	通货膨胀史话	郑起东
	151	外债史话	陈争平
	152	商会史话	虞和平
	153	农业改进史话	章楷
	154	民族工业发展史话	徐建生
	155	灾荒史话	刘仰东　夏明方
	156	流民史话	池子华
	157	秘密社会史话	刘才赋
	158	旗人史话	刘小萌
近代中外关系系列（13种）	159	西洋器物传入中国史话	隋元芬
	160	中外不平等条约史话	李育民
	161	开埠史话	杜语
	162	教案史话	夏春涛
	163	中英关系史话	孙庆

系列名	序号	书名	作者
近代中外关系系列（13种）	164	中法关系史话	葛夫平
	165	中德关系史话	杜继东
	166	中日关系史话	王建朗
	167	中美关系史话	陶文钊
	168	中俄关系史话	薛衔天
	169	中苏关系史话	黄纪莲
	170	华侨史话	陈 民 任贵祥
	171	华工史话	董丛林
近代精神文化系列（18种）	172	政治思想史话	朱志敏
	173	伦理道德史话	马 勇
	174	启蒙思潮史话	彭平一
	175	三民主义史话	贺 渊
	176	社会主义思潮史话	张 武 张艳国 喻承久
	177	无政府主义思潮史话	汤庭芬
	178	教育史话	朱从兵
	179	大学史话	金以林
	180	留学史话	刘志强 张学继
	181	法制史话	李 力
	182	报刊史话	李仲明
	183	出版史话	刘俐娜
	184	科学技术史话	姜 超

系列名	序号	书名	作者		
近代精神文化系列（18种）	185	翻译史话	王晓丹		
	186	美术史话	龚产兴		
	187	音乐史话	梁茂春		
	188	电影史话	孙立峰		
	189	话剧史话	梁淑安		
近代区域文化系列（一一种）	190	北京史话	果鸿孝		
	191	上海史话	马学强	宋钻友	
	192	天津史话	罗澍伟		
	193	广州史话	张苹	张磊	
	194	武汉史话	皮明庥	郑自来	
	195	重庆史话	隗瀛涛	沈松平	
	196	新疆史话	王建民		
	197	西藏史话	徐志民		
	198	香港史话	刘蜀永		
	199	澳门史话	邓开颂	陆晓敏	杨仁飞
	200	台湾史话	程朝云		

《中国史话》主要编辑出版发行人

总 策 划	谢寿光　王　正
执行策划	杨　群　徐思彦　宋月华
	梁艳玲　刘晖春　张国春
统　　筹	黄　丹　宋淑洁
设计总监	孙元明
市场推广	蔡继辉　刘德顺　李丽丽
责任印制	岳　阳